COLLECTION

DES

AUTEURS GRECS

EXPLIQUÉS

PAR UNE TRADUCTION FRANÇAISE

Toutes nos éditions sont revêtues de notre griffe.

A LA MÊME LIBRAIRIE

**COLLECTION NOUVELLE DES CLASSIQUES GRECS AN-
NOTÉS**, éditions bien imprimées, en caractères très-lisibles, avec
des sommaires, des notes philologiques, historiques, archéologiques, des appréciations littéraires et des renseignements bibliographiques, par une société de professeurs.

**COLLECTION NOUVELLE DES CLASSIQUES GRECS AVEC
DOUBLE TRADUCTION** française synoptique, l'une correcte,
et l'autre mot-à-mot avec le texte en regard de chaque traduction,
des sommaires, des notes philologiques, historiques, archéologiques, des appréciations littéraires et des renseignements bibliographiques, par une société de professeurs.

**COLLECTION NOUVELLE DES CLASSIQUES GRECS AVEC
SIMPLE TRADUCTION** française, avec le texte en regard, des
sommaires, des notes philologiques, historiques, archéologiques,
des appréciations littéraires et des renseignements bibliographiques, par une société de professeurs.

N. B. *Voir pour les détails les catalogues les plus récents de la
librairie F. TANDOU et Cᵉ.*

PARIS. — IMP. SIMON RAÇON ET COMP., RUE D'ERFURTH, 1.

COLLECTION

DES

AUTEURS GRECS

EXPLIQUÉS

PAR UNE TRADUCTION FRANÇAISE

EN REGARD

des Sommaires, des Notes philologiques, historiques, archéologiques,
des Appréciations littéraires
et des Renseignements bibliographiques,

PAR UNE SOCIÉTÉ DE PROFESSEURS

PLUTARQUE

VIE D'ARISTIDE

PAR M. P. LUCAS

PROFESSEUR AU LYCÉE IMPÉRIAL DE ROUEN

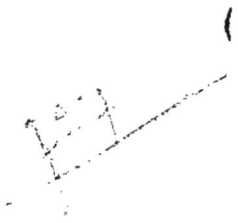

PARIS

FERDINAND TANDOU ET Cᵉ, LIBRAIRES-ÉDITEURS

78, RUE DES ÉCOLES, 78

1864

INTRODUCTION

Parmi cette variété de portraits et de tableaux historiques, où Plutarque n'a peint que de grands événements
et des hommes supérieurs; parmi tant de législateurs, de
conquérants, d'orateurs et de philosophes, il est difficile
de faire un choix et d'établir une préférence. Cependant,
bien que moins souvent étudiée que les biographies de
César, d'Alexandre, de Démosthène et de Cicéron, la vie
d'Aristide mérite à plus d'un égard d'être placée en première ligne au nombre de celles que l'on peut considérer
comme des chefs-d'œuvre. Je doute que Plutarque, si
digne de comprendre tant de patriotisme et de vertu, en
ait écrit aucune autre avec plus de plaisir, et nulle part
admiration plus légitime ne l'a mieux inspiré. Il était peu
sensible à la puissance militaire. Tous ces preneurs de
villes, ces foudres, ces vainqueurs, ces aigles, ces vautours [1], cherchent une gloire souillée de sang dont il fait
bon marché. Sans doute il trouve plus d'une fois sur son
chemin de grandes vertus civiques, mais le plus souvent la
nature humaine vient y mêler ses imperfections; et le
digne rival d'Aristide lui-même, l'héroïque vainqueur de
Salamine, à des qualités plus brillantes joint encore des
défauts trop sensibles, qui lui font préférer l'intègre, le
parfait citoyen, Aristide le Juste. Aussi avec quel bonheur
le moraliste saisit-il les occasions qui se présentent en foule
de rappeler les plus grands principes et les plus nobles

---

[1] *Vie d'Aristide*, ch. vi.

exemples ! Ici, c'est la pauvreté d'Aristide qu'il revendique pour lui comme un honneur, et dont on a eu tort de vouloir le défendre, *comme si c'était un grand mal.* Là, c'est sa droiture inébranlable qu'il oppose à la flexibilité un peu trop souple de Thémistocle. Ailleurs, sa justice lui fournit une page sublime sur la plus divine des vertus. Non point, toutefois, qu'il en fasse un stoïcien rigoureux et intraitable : Aristide savait que, comme on l'a dit de nos jours, la politique est souvent l'art de concilier les principes avec les intérêts : on l'admire, sans être blessé. Plus loin, il nous le montre brave sur le champ de bataille et non moins désintéressé après la victoire, tandis qu'un prêtre s'empare d'un trésor par un lâche assassinat. Aristide écrivant son nom sur la coquille du paysan ne semble pas moins admirable à Rousseau qu'Alexandre avalant une médecine sans dire un seul mot, ou que Philopémen, le manteau bas, coupant du bois dans la cuisine de son hôte. Où trouver une situation plus émouvante que l'entrevue d'Aristide et de Thémistocle, oubliant leurs dissentiments pour lutter de générosité? Quels épisodes plus intéressants que la descente à Psyttalie, les remontrances aux généraux athéniens mécontents, l'obstination de ce brave soldat, Amompharétus, l'arrivée d'Alexandre au camp des Grecs, l'attitude d'Aristide à l'égard des envoyés de Mardonius? Enfin, quels plus beaux récits que ceux de la bataille de Platées, sans parler de ces discours qui, bien que rapidement indiqués, nous montrent, suivant le mot de Montaigne, « un maître ouvrier en cette besogne. » On peut le dire sans aller trop loin, la vie d'Aristide est, de toutes les biographies de Plutarque, celle qui contient les plus belles pages, et qui, par le sujet comme par le style, reste la plus parfaite dans l'ensemble.

NOTICE SUR PLUTARQUE

Dans toute l'antiquité, il y a peu d'écrivains aussi goûtés que Plutarque. Si l'on faisait une liste de ceux qui se sont nourris de la lecture de ses ouvrages, on y trouverait les plus grands hommes des temps modernes. « Dans le petit nombre de livres que je lis encore, dit J. J. Rousseau [1], Plutarque est celui qui m'attache et me profite le plus. Ce fut la première lecture de mon enfance, ce sera la dernière de ma vieillesse : c'est presque le seul auteur que je n'aie jamais lu sans en tirer quelque fruit. » Un célèbre philologue du quinzième siècle, Gaza de Thessalonique, disait que si, de tous les livres, il était obligé de n'en réserver qu'un seul, il choisirait les ouvrages de Plutarque. C'est que, en effet, suivant l'expression de Thomas, « toute l'antiquité se trouve dans le livre du philosophe de Chéronée. Là, chaque homme paraît tour à tour avec son génie, et les talents et les vertus qui ont influé sur le sort des peuples [2]. » C'est que Plutarque a fait de ses *Vies parallèles* comme une vaste galerie, où les plus illustres personnages de la Grèce et de Rome semblent revivre sous nos yeux; où les moindres détails, aussi bien que les actions les plus importantes, concourent à nous instruire, et, ce qui vaut mieux encore, à former les mœurs. On sent que Plutarque y cherche moins la satisfaction de l'intelligence que l'application des leçons les plus utiles : c'est un homme beaucoup plus qu'un auteur. Et, comme il l'a dit lui-même, on comprend qu'il est le premier « à former sa conduite sur celle des grands hommes. Après avoir

---

[1] *Rêveries du Promeneur solitaire*, quatrième promenade.
[2] *Essai sur les éloges*.

entrepris d'écrire ces vies pour l'instruction des autres, il poursuit ce travail dans son propre intérêt. » Le lecteur profite d'autant plus volontiers des préceptes et des exemples que lui offre ainsi Plutarque, qu'ils lui sont donnés avec moins d'apprêt et de prétention ; il lui semble, comme à l'auteur, « qu'il loge chez lui tous ces héros l'un après l'autre, et qu'il vit dans leur commerce et leur fréquentation [1]. »

Il ne faut donc pas faire à Plutarque l'injure de le considérer comme un écrivain désireux de renommée et jaloux de sa gloire. Le fécond historien de tant d'hommes célèbres semble avoir pris plaisir à s'effacer lui-même, et à se cacher dans l'heureux et paisible accomplissement de ses devoirs. On ne sait même pas la date exacte de sa naissance, et l'on ne peut indiquer d'une manière précise que quelques détails importants de sa vie. Né à Chéronée, en Béotie, vers le milieu du premier siècle de notre ère, il voua un amour constant à sa ville natale. Il passa sa première enfance sous les yeux de son père, homme vertueux et instruit, dont il parle avec une grande tendresse ; de son aïeul, Lamprias, homme éloquent, plein d'imagination et d'une douce gaieté ; et de son bisaïeul, Nicarchus, vieillard aimable et conteur, qui dut l'entretenir plus d'une fois des graves événements qu'amenèrent les luttes d'Octave et d'Antoine. Il suivit, à Delphes, les leçons du philosophe Ammonius ; fut employé par ses concitoyens, malgré sa jeunesse, à quelques négociations avec les villes voisines ; fit plusieurs voyages à Rome, où il enseigna la philosophie, sans y séjourner assez longtemps pour se livrer à une étude approfondie du latin [2] ; mais il se fixa de bonne heure à Chéronée, et se plut, comme il le dit lui-même, à habiter cette petite ville, de peur qu'elle ne devînt plus petite encore [3]. Archonte, prêtre d'Apollon, marié à une femme distinguée et vertueuse, Timoxène, il consacra sa vie à l'étude des lettres et au plaisir de faire le bien. Il mourut, d'après l'opinion la plus probable, dans un âge avancé, vers l'an 140 après Jésus-Christ.

---

[1] *Vie de Paul-Émile*, au début.
[2] *Vie de Démosthène*, ch. II.
[3] *Ibid.*

Il nous reste de Plutarque cinquante *Vies* qu'il a fait suivre pour la plupart d'un parallèle entre un Grec et un Romain : Thésée, Romulus; Lycurgue, Numa; Solon, Val. Publicola; Thémistocle, Camille; Périclès, F. Maximus; Alcibiade, Coriolan; Timoléon, P. Émile; Pélopidas, Marcellus; Aristide, Caton; Philopémen, T. Q. Flaminius; Pyrrhus, C. Marcus; Lysandre, Sylla; Cimon, Lucullus; Nicias, M. Crassus; Eumène, Sertorius; Agésilas, Pompée; Alexandre, César; Phocion, Caton le Jeune; Démosthène, Cicéron; Agis et Cléomène, Tib. et C. Gracchus; Démétrius, Antoine; Dion, Brutus; Artaxercès, Aratus, Galba, Othon. On voit, par le seul rapprochement de ces noms, que cette méthode, admissible pour quelques-uns, « rappelle trop parfois les thèses un peu factices des écoles et les jeux d'esprit d'éloquence [1]. »

Il faut citer, parmi les quatre-vingts traités connus sous le nom d'*Œuvres morales* (Ηθικά) : *de l'Éducation des Enfants; de la Lecture des Poëtes; le Flatteur et l'Ami; de l'Utilité des ennemis; le Banquet des sept Sages; de la Fortune des Romains; Isis et Osiris; de la Tranquillité de l'âme; sur le Babil; Génie de Socrate; de la Malignité d'Hérodote; Opinions des Philosophes; de la Face lunaire; Animaux de terre et de mer; Contradictions des Stoïciens; Contre Épicure; de la Musique.*

La morale qu'il y professe, « sans être haute et roide comme celle des stoïciens, dit M. Villemain, ni purement spéculatrice et enthousiaste comme celle de Platon, est généralement pure, courageuse et praticable. Sans cesse appuyée par des faits, presque toujours embellie par des images heureuses, de vives allégories, elle parle au cœur et à la raison. »

[1] Villemain.

1.

FRAGMENTS

DE

L'ÉTUDE SUR ARISTIDE

PAR ROLLIN

« S'il pouvait y avoir une vertu sans tache pami les païens, ce serait celle d'Aristide. Une grandeur d'âme extraordinaire le rendait supérieur à toutes les passions : intérêt, plaisir, ambition, ressentiment, jalousie, l'amour de la vertu et de la patrie étouffait en lui tous ces sentiments. C'était l'homme de la république : pourvu qu'elle fût bien servie, il lui importait peu par qui elle le fût. Le mérite des autres, loin de le blesser, devenait le sien propre par l'approbation qu'il lui donnait. Il eut part à toutes les grandes victoires que la Grèce remporta de son temps, mais sans s'en élever. Il ne songeait point à dominer dans Athènes, mais à rendre Athènes dominante ; et il en vint à bout, non, comme on l'a déjà remarqué, en équipant de grosses flottes ou en mettant sur pied de nombreuses armées, mais en rendant aimable aux alliés le gouvernement des Athéniens par sa douceur, sa bonté, son humanité, sa justice. Le désintéressement qu'il fit paraître dans le maniement des deniers publics, et l'amour de la pauvreté, porté, si on osait le dire, presque jusqu'à l'excès, sont des vertus tellement au-dessus de notre siècle qu'à peine pouvons-nous les croire. En un mot, et c'est par où l'on peut juger de la solide grandeur d'Aristide, si Athènes avait toujours eu des chefs qui lui eussent ressemblé, maîtresse de la Grèce, et contente d'en faire le bonheur et d'y maintenir la paix, elle aurait été en même temps la terreur des ennemis, l'amour des alliés, et l'admiration de tout l'univers.

« Thémistocle ne faisait point difficulté d'employer les ruses et les finesses pour arriver à ses fins, et ne montrait pas beaucoup de fermeté ni de constance dans ses entreprises. Mais pour Aristide, il était ferme et constant dans sa conduite et dans ses principes, inébranlable dans tout ce qui lui paraissait juste, et incapable d'user du moindre mensonge et de la moindre ombre de flatterie, de déguisement et de fraude, non pas même par manière de jeu. » (Rollin, *Caractères de Thémistocle, d'Aristide, de Cimon et de Périclès. — Traité des Études*, liv. V, part. III, ch. ii.)

« Rien de plus admirable ni plus au-dessus de notre siècle, au-dessus de nos mœurs, de notre manière d'agir et de penser, que ce que fit Aristide avant la bataille de Marathon, où il fut le premier à céder le commandement à Miltiade, comme au plus habile. A Salamine, il aida Thémistocle pendant tout le temps de son commandement par ses conseils et par son crédit.

« L'histoire a-t-elle rien de plus achevé? Et trouve-t-on même ailleurs quelque chose qu'on puisse comparer à cette noble et généreuse conduite d'Aristide? On admire avec raison, comme un des plus beaux traits de la vie d'Agricola, de ce qu'il employa tous ses talents et tous ses soins pour augmenter la gloire de ses généraux [1]; ici c'est pour augmenter celle de son plus grand ennemi. Quelle supériorité de mérite! » (*Ibid.*)

« Il administra les finances avec la fidélité et le désintéressement d'un homme qui regarde comme un crime capital de toucher au bien d'autrui, avec l'attention et l'activité d'un père de famille qui gouverne son propre revenu, avec la réserve et la religion d'une personne qui respecte les deniers publics comme sacrés. Enfin, chose très-difficile et très-rare, il vint à bout de se faire aimer dans un emploi où c'est beaucoup que de ne pas se rendre odieux. C'est le glorieux témoignage que Sénèque rend à une personne chargée à peu près d'un pareil emploi, et le plus bel éloge qu'on puisse faire d'un surintendant ou contrôleur général des finances : « Tu quidem orbis terrarum rationes administras

---

[1] Tac., *Vie d'Agric.*, ch. viii.

« tam abstinenter quam alienas, tam diligenter quam tuas, tam
« religiose quam publicas. In officio amorem consequeris, in
« quo odium vitare difficile est. » C'est à la lettre ce que fit
Aristide. Il montra tant d'équité et de sagesse dans l'exercice de
son ministère, que personne ne se plaignit, et dans la suite on
regarda toujours ce temps comme le siècle d'or, c'est-à-dire
comme le bon et l'heureux temps de la Grèce. » (*Ibid.*)

DOCUMENTS ET APPRÉCIATIONS

SUR PLUTARQUE

« Plutarque nous apprend lui-même en plusieurs endroits de ses ouvrages qu'il était né à Chéronée, petite ville de la Grèce aux confins de la Béotie et de la Phocide. Longtemps célèbre par son ancienne origine, elle tomba ensuite dans une telle obscurité, qu'à peine on trouve son nom dans l'histoire, jusqu'au temps de Philippe de Macédoine, qui remporta près de cette ville une victoire fameuse sur les Corinthiens, les Thébains et les Athéniens réunis [1].

« Plutarque, l'aîné de la famille, eut deux frères, nommés, l'un Timon, l'autre Lamprias. Il les introduit souvent dans ses ouvrages, et il leur rend le témoignage qu'ils étaient fort instruits l'un et l'autre, et qu'ils vivaient avec lui, à Athènes, dans le commerce des savants. Il eut aussi des sœurs.

« On croit que ce fut dans un de ses voyages de Rome en Grèce qu'il se maria ; mais on ne sait pas à quel âge. Il eut d'abord quatre fils, qu'il nous a tous fait connaître dans ses écrits : Antobule, l'aîné des quatre ; Charon, qui mourut dans son enfance ; Lamprias et Plutarque, qui lui survécurent, et dont le premier nous a laissé le catalogue de tous les ouvrages de son père. Après ces quatre fils Timoxène lui donna une fille qu'ils avaient l'un et l'autre longtemps désirée, et qu'ils eurent le malheur de perdre à l'âge de deux ans.

---

[1] M. Villemain pense qu'il ne faut pas confondre la ville de Chéronée, où naquit Plutarque, avec celle où Philippe vainquit les Grecs. Dans ses *Mélanges de littérature ancienne et étrangère*, il repousse l'opinion généralement suivie et qu'il avait adoptée lui-même dans l'article sur Plutarque, qu'il a donné à la *Biographie universelle* de Michaud. Elle est admise par M. Bouillet et par M. Pierron.

« La date de la mort de Plutarque n'est pas mieux connue que celle de sa naissance. » (Extrait de la *Vie de Plutarque*, par Ricard.)

« Ce ne sont pas des histoires, ce sont des Vies que j'écris. On fait souvent connaître la vertu et le vice moins par des actions éclatantes que par une anecdote[1], un mot, un jeu : ils dévoilent mieux le caractère d'un homme que de sanglantes batailles, des siéges et de grands exploits. Comme les peintres recherchent la ressemblance dans le visage et les yeux où nos inclinations se manifestent, et négligent les autres points, de même qu'il nous soit permis d'examiner les signes de l'âme et par là de donner une juste idée de la vie de chacun, laissant aux autres les hauts faits et les batailles[2]. » (Plutarque, *Vie d'A-lexandre*, au début.)

« Il m'est impossible de passer sous silence les actions de mon héros qu'ont rapportées les historiens, et surtout celles qui font connaître son caractère et ses dispositions naturelles; mais je ne ferai que les rappeler rapidement, et en exposant celles que je ne pourrais taire sans encourir le reproche de négligence et de paresse. Je tâcherai d'ailleurs de recueillir les faits moins généralement connus, et qu'on ne trouve que çà et là dans les auteurs ou dans les inscriptions et les décrets publics; non pour composer une histoire sans utilité et sans fruit, mais pour mettre en lumière ce qui peut mieux faire connaître les mœurs et le caractère des personnages. » (*Idem, Vie de Nicias.*)

« Toute l'antiquité se trouve dans le livre du philosophe de Chéronée. Là chaque homme paraît tour à tour avec son génie, et les talents et les vertus qui ont influé sur le sort des peuples. Naissance, éducation, mœurs, principes, ou qui tiennent au ca-

---

[1] Πρᾶγμα βραχύ.
[2] Il faut remarquer cependant que Plutarque excelle, au besoin, dans les grandes peintures historiques autant que dans les portraits biographiques, et qu'il est peu de tableaux d'histoire qui vaillent les récits de la bataille de Platées, par exemple.

ractère ou qui le combattent; concours de plusieurs grands hommes qui se développent en se choquant; grands hommes isolés, et qui semblent jetés hors des routes de la nature dans des temps de faiblesse et de langueur; lutte d'un grand caractère contre les mœurs avilies d'un peuple qui tombe; développement rapide d'un peuple naissant, à qui un homme de génie imprime sa force, mouvement donné à des nations par les lois, par les conquêtes, par l'éloquence; grandes vertus, toujours plus rares que les talents, les unes impétueuses et fortes, les autres calmes et raisonnées; desseins tantôt conçus profondément et mûris par les années, tantôt inspirés, conçus, exécutés presque à la fois, et avec une vigueur qui renverse tout, parce qu'elle ne donne le temps de rien prévoir; enfin des vies éclatantes, des morts illustres et presque toujours violentes : car par une loi inévitable, l'action de ces hommes qui remuent tout produit une résistance égale dans tout ce qui les entoure; ils pèsent sur l'univers, et l'univers pèse sur eux; et derrière la gloire est presque toujours caché l'exil, le fer ou le poison. Tel est à peu près le tableau que nous offre Plutarque. » (Thomas, *Essai sur les Éloges.*)

« Plutarque excelle par des détails dans lesquels nous n'osons plus entrer. Il a une grâce inimitable à peindre les grands hommes dans les petites choses, et il est si heureux dans le choix de ses traits, que souvent un mot, un geste, un sourire lui suffit pour caractériser son héros. Avec un mot plaisant, Annibal rassure son armée effrayée, et la fait marcher en riant à la bataille qui lui livra l'Italie; Agésilas, à cheval sur un bâton, nous fait aimer le vainqueur du grand roi; César, traversant un pauvre village et causant avec ses amis, décèle, sans y penser, le fourbe qui disait ne vouloir être que l'égal de Pompée; Alexandre avale une médecine et ne dit pas un seul mot, c'est le plus beau moment de sa vie; Aristide écrit son propre nom sur une coquille, et justifie ainsi son surnom; Philopœmen, le manteau bas, coupe du bois dans la cuisine de son hôte. Voilà le véritable art de peindre. La physionomie ne se montre pas dans les grands traits, ni le caractère dans les grandes actions; c'est dans les bagatelles que le naturel se découvre.

Les choses publiques sont ou trop communes ou trop apprêtées ; et c'est presque uniquement à celles-ci que la dignité moderne permet à nos auteurs de s'arrêter. » (J. J. Rousseau, *Émile.*)

« Plutarque est du très-petit nombre des écrivains qui ne sont point des auteurs ; c'est un ami qui cause familièrement avec le lecteur, sans prétention, sans morgue et sans artifice. Sans prétendre que son sentiment fasse loi, il examine les diverses opinions, il pèse les motifs, il sait douter, et partout il se montre si judicieux, si équitable, qu'on est moins entraîné par la force de ses arguments que par l'estime et la confiance qu'il inspire. Profondément versé dans la connaissance du cœur humain, il admire peu, invective très-rarement, ne se passionne presque jamais et voit les choses comme elles sont. Sa grande expérience des hommes et des choses le met à l'abri de tout jugement hasardé, de tout enthousiasme puéril, de toute idée romanesque. Sobre dans la louange comme dans le blâme, il juge les hommes d'après leurs actions, d'après les circonstances des temps et des lieux. » (Geoffroy.)

« Les ouvrages de Plutarque, par leur étendue autant que par la variété des objets qu'ils embrassent, présentent le plus vaste répertoire de faits, de souvenirs et d'idées que nous ait transmis l'antiquité. Produits dans des jours de décadence littéraire, ils sont cependant remarquables par le style et l'éloquence. On y sent renaître par intervalle le beau génie de la Grèce antique. On l'y sent à toutes les époques, avec tous ses caractères de naïveté, d'élégance et de force ; car l'imagination de Plutarque est contemporaine de tout ce qu'il raconte.

« Ce n'est pas que tous les écrits de Plutarque nous paraissent avoir la même valeur, et, pour ainsi dire, renfermer la même substance. Quelques-uns de ses traités de morale sont d'un intérêt médiocre, d'une philosophie commune, et même un peu déclamatoire. C'est l'influence ou de la première jeunesse, ou de cette profession de sophiste, qui devait perpétuer, jusque dans un âge plus avancé, les défauts de la jeunesse. Mais si l'on se reporte au temps où écrivait Plutarque, on concevra qu'il a fallu une force admirable de bon sens pour n'avoir pas cédé plus souvent au faux goût si universel de son siècle, et pour s'être rendu surtout remarquable par le naturel et la vérité. Sans doute le fond des meilleurs traités de Plutarque est emprunté à tous les philosophes de la Grèce, dont il n'est, pour ainsi dire, que l'abréviateur ; mais la forme lui appartient. Ses doctrines qu'il expose ont reçu l'empreinte de son âme, et ses compilations mêmes ont reçu un cachet d'originalité. » (Villemain.)

« L'érudition a fait à Plutarque historien de nombreux reproches ; on l'a souvent accusé et même convaincu de graves inexactitudes, d'oublis, d'erreurs dans les faits, dans les noms, dans les dates, de contradictions avec lui-même. Mais ces petites découvertes de l'érudition laissent au récit de l'historien tout leur charme et tout leur prix. On peut s'étonner davantage qu'il se contredise lui-même ; et que, dans deux vies, il raconte le même fait avec d'autres noms ou d'autres circonstances.

« On a souvent célébré, défini, analysé le charme prodigieux de Plutarque et cette naïveté de détails vrais, intimes qui prennent l'homme sur le fait, et le peignent dans toute sa profondeur, en le montrant avec toutes ses petitesses. Peut-être ce dernier mérite, universellement reconnu dans Plutarque, a-t-il fait oublier en lui l'éclat du style et le génie pittoresque, mais c'est ce double caractère d'éloquence et de vérité qui l'a rendu si puissant sur toutes les imaginations vives. En faut-il un autre exemple que Shakspeare, dont le génie fier et libre n'a jamais été mieux inspiré que par Plutarque et qui lui doit les scènes les plus sublimes et les plus naturelles de son Coriolan et de son Jules-César? Montaigne, Montesquieu, Rousseau, sont encore trois grands génies sur lesquels on retrouve l'empreinte de Plutarque, et qui ont été frappés et colorés de sa lumière. » (*Idem.*)

« La critique savante, qui a relevé les inexactitudes de Plutarque, a voulu quelquefois lui ôter aussi le mérite de ses éloquents récits. On a supposé qu'il était plutôt un adroit compilateur qu'un grand peintre, et qu'il avait copié ses plus beaux passages dans d'autres historiens. Le reproche paraît peu vraisemblable. Dans les occasions où Plutarque pouvait suivre Thucydide, Diodore, Polybe, ou traduire Tite-Live et Salluste, nous le voyons toujours donner aux faits l'empreinte qui lui est propre, et raconter à sa manière [1]. Laissons à Plutarque la gloire d'une originalité si bien marquée par la forme même de ses récits, par le mélange d'élévation et de bonhomie qui en fait le caractère, et qui décèle l'influence de ses études oratoires et la simplicité de ses mœurs privées [2]. » (Idem.)

« Plutarque a consulté les monuments publics, c'est-à-dire les inscriptions, ἀναθήματα, espèce de documents que les anciens historiens ont trop négligés. Il a vécu à une époque où il existait encore une foule de monuments que le temps a détruits depuis. On voit, par quelques citations, qu'il avait aussi sous la main le recueil des décrets, Ψηφίσματα, du Macédonien Cratérus. Après les monuments, Plutarque a mis à profit les grands historiens, Hérodote, Thucydide, Xénophon, Éphore et Théopompe. Parmi les philosophes, il nomme Aristote et Théophraste ; il cite le *Traité de la Noblesse* attribué au premier, en émettant néanmoins des doutes sur son authenticité [3] et les *Éthiques* du second. A l'occasion d'Aristide, Plutarque cite trois ouvrages qui, d'après leurs titres, doivent avoir traité plutôt de Socrate : ils étaient d'Idoménée de Lampsaque, de Démétrius de Phalère et de Panétius de Rhodes. Son ouvrage renferme des citations de deux cent cinquante auteurs dont environ quatre-vingts sont des historiens la plupart dévorés par le temps. » (Schœll, *Histoire de la Littérature grecque.*)

[1] Ainsi, dans la *Vie d'Aristide*, il suit Hérodote sans le copier servilement. Il le soupçonne, il est vrai, de *malignité;* mais même dans les endroits où il n'a aucune raison de se défier de la partialité d'Hérodote à l'égard des Thébains, Plutarque se garde de le piller, tout en profitant de ses précieux documents.

[2] Cette simplicité nous est attestée par un passage de Plutarque lui-même dans la *Consolation* qu'il adresse à sa femme sur la mort de sa fille. C'est un de ces rares endroits, où Plutarque nous fait pénétrer lui-même dans l'intérieur de son foyer domestique.

[3] *Vie d'Aristide*, ch. xxvii.

PRINCIPALES ÉDITIONS DES VIES PARALLÈLES DE PLUTARQUE

Philippe Giunta, Florence, 1517. — Les Aldes, Venise, 1519.
— Simon Grynéus, chez Bebel, Bâle, 1530. — Crusérius, chez
H. Estienne, 1572. — Crusérius et Xylander, H. Estienne, 1624.
— Bryan, chez Touson et Watts, Londres, 1729. — *Cum va-*
riis lectionibus, Dublin, 1761. — Reiske, Leipsig, 1724-82. —
Hutten, Tubingue, 1796. — Coray, Paris, 1809–1815. — Schœ-
fer, chez Tauchnitz, Leipsig. — Kœler, Leipsig, 1839. —
Dübner, Didot, 1857.

PRINCIPALES TRADUCTIONS JUSQU'A NOTRE SIÈCLE

J. Amyot, 1567-74. — Tallemant, Bruxelles, 1667. — Dacier, 1721-34. — Ricard, 1798-1803.

ΠΛΟΥΤΑΡΧΟΥ

ΒΙΟΣ

ΑΡΙΣΤΕΙΔΟΥ

CHAPITRE PREMIER.

Pauvreté d'Aristide. Fausseté des assertions de Démétrius de
Phalère contre l'opinion commune.

Ἀριστείδης [1], ὁ Λυσιμάχου [2], φυλῆς μὲν ἦν Ἀντιοχίδος [3], τὸν δὲ δῆμον Ἀλωπεκῆθεν [4]. Περὶ δ' οὐσίας αὐτοῦ
λόγοι διάφοροι γεγόνασιν, οἱ μὲν, ὡς ἐν πενίᾳ συντόνῳ κα-
ταβιώσαντος, καὶ μετὰ τὴν τελευτὴν ἀπολιπόντος θυγατέρας
δύο πολὺν χρόνον ἀνεκδότους [5] δι' ἀπορίαν γεγενημένας.
Πρὸς δὲ τοῦτον τὸν λόγον ὑπὸ πολλῶν εἰρημένον ἀντιτασ-
σόμενος ὁ Φαληρεὺς Δημήτριος [6] ἐν τῷ Σωκράτει [7], χωρίον

I. — [1] Ἀριστείδης, 530-467 av. J. C.

[2] Λυσιμάχου, fils de Lysimaque. S. e. υἱός. Cf. plus bas n. 23 et
ch. xix, n. 1.

[3] Φυλῆς Ἀντιοχίδος. Les Athéniens eurent d'abord quatre tribus,
puis dix, dont chacune avait pour chef un *phylarque*. Celle-ci devait
son nom à Antiochus, fils d'Hercule. C'est à cette tribu qu'appartenait Socrate. (Voy. Platon, *Apol. de Socr.*, ch. xx.)

[4] Δῆμον Ἀλωπεκῆθεν. Le dème d'Alopèce. Les dix tribus étaient
divisées en cent soixante-quatorze districts ou cantons, à la tête de
chacun desquels était un *démarque*.

VIE D'ARISTIDE

PAR

PLUTARQUE

CHAPITRE PREMIER.

Pauvreté d'Aristide. Fausseté des assertions de Démétrius de
Phalère contre l'opinion commune.

Aristide, fils de Lysimaque, était de la tribu Antiochide, et du dème d'Alopèce. Quant à sa fortune, les traditions diffèrent : suivant les uns, il vécut constamment dans
la pauvreté, et, après sa mort, il laissa deux filles, que leur
indigence empêcha longtemps de se marier. Cette assertion,
avancée par beaucoup d'historiens, est combattue par Démétrius de Phalère dans son *Socrate*. Il connaît, dit-il, à
Phalère, un domaine qui porte le nom d'Aristide, où il a

---

⁵ 'Ανεκδότους A privatif, ν euphonique, ἐκ et δότος, de δίδωμι.
Voy. ch. **xxvii**.

⁶ 'Ο φαληρεὺς Δημήτριος. Démétrius de Phalère, rhéteur, gram-
mairien et homme d'État du quatrième siècle av. J. C., fut chargé
de l'administration d'Athènes, en 318, par Cassandre, roi de Macédoine. Il ne nous reste rien de ses nombreux écrits politiques, phi-
losophiques, historiques et critiques, que Plutarque cite souvent.

⁷ 'Εν τῷ Σωχράτει. Le livre de Démétrius, intitulé *Socrate*, était
probablement un dialogue dans le genre de ceux des philosophes
socratiques. Plutarque le cite encore au ch. **xxvii**.

τε Φαληροῖ⁸ φησὶ γινώσκειν Ἀριστείδου λεγόμενον, ἐν ᾧ
τέθαπται· καὶ τεκμήρια τῆς περὶ τὸν οἶκον εὐπορίας ἐν
μὲν ἡγεῖται τὴν ἐπώνυμον ἀρχὴν⁹, ἣν ἦρξε τῷ κυάμῳ¹⁰
λαχὼν ἐκ τῶν γενῶν τῶν τὰ μέγιστα τιμήματα κεκτημένων,
οὓς¹¹ Πεντακοσιομεδίμνους¹² προσηγόρευον· ἕτερον δὲ τὸν
ἐξοστρακισμόν¹³· οὐδενὶ γὰρ τῶν πενήτων, ἀλλὰ τοῖς ἐξ
οἴκων τε μεγάλων¹⁴ καὶ διὰ γένους ὄγκον ἐπιφθόνων ὄστρακον ἐπιφέρεσθαι· τρίτον δὲ καὶ τελευταῖον, ὅτι νίκης ἀναθήματα χορηγικοὺς τρίποδας¹⁵ ἐν Διονύσου¹⁶ κατέλιπεν,
οἳ καὶ καθ' ἡμᾶς ἐδείκνυντο τοιαύτην ἐπιγραφὴν διασώ-
ζοντες· Ἀντιοχὶς ἐνίκα, Ἀριστείδης ἐχορήγει¹⁷, Ἀρχέ-
στρατος ἐδίδασκε¹⁸. Τουτὶ μὲν οὖν, καίπερ εἶναι δοκοῦν
μέγιστον, ἀσθενέστατόν ἐστι. Καὶ γὰρ Ἐπαμεινώνδας, ὃν
πάντες ἄνθρωποι γινώσκουσιν ἐν πενίᾳ καὶ τραφέντα πολλῇ
καὶ βιώσαντα, καὶ Πλάτων, ὁ φιλόσοφος, οὐκ ἀφιλοτίμους

---

⁸ *Φαληροῖ*. Adv. Ancienne forme de datif, comme οἴκοι. — Phalère, où naquit Démétrius, un des ports d'Athènes, à l'est des deux
autres, le Pirée et Munychie.

⁹ *Ἐπώνυμον ἀρχήν*. Il y avait neuf archontes, archonte-éponyme,
archonte-roi, archonte-polémarque, et six thesmothètes. C'était le
nom de l'*Eponyme* (ἐπί–ὤνυμα) qui désignait l'année, et qu'on inscrivait seul en tête de tous les actes publics.

¹⁰ *Τῷ κυάμῳ*. Élection par les fèves. On mettait dans une urne
autant de fèves blanches qu'il y avait de places à remplir, et autant
de fèves noires qu'il y avait de candidats. Celui à qui le sort donnait
une fève blanche, était élu. Isocrate critique cet usage qui confiait
l'administration des affaires à des magistrats tirés au sort, au lieu
de les désigner avec discernement parmi les plus capables. (*Disc.
Aréopag.*, ch. 8.) Cf. Xénoph., *Entr. Mém.*, I, ch. II.

¹¹ *Οὕς*. Syllepse; substitution de l'accord logique à l'accord gram-
matical. Cf. ch. VI, n. 11, et ch. VII, n. 3.

¹² *Πεντακοσιομεδίμνους*. *Pentacosiomédimnes*, citoyens qui pos-
sédaient au moins un revenu équivalant à cinq cents *médimnes* de
fruits ou de grains. Ils formaient, depuis Solon, la première classe.

été enseveli; et pour preuves de l'aisance qui régnait dans sa maison, il cite d'abord la charge d'archonte éponyme, qui lui échut par le sort des fèves, entre les familles possédant les plus grands revenus, et qu'on nommait les Pentacosiomédimnes ; en second lieu, l'ostracisme : ce n'était jamais, en effet, aux citoyens pauvres, mais à ceux des grandes maisons, dont le faste excitait l'envie, que l'on appliquait l'ostracisme ; pour troisième et dernière preuve il rappelle ces trépieds des jeux publics qu'il consacra, en souvenir de sa victoire, dans le temple de Bacchus, et que l'on montrait encore de notre temps, portant toujours cette inscription : « L'Antiochide remporta le prix ; Aristide était chorége; Archestrate était maître des jeux. » Cette preuve, qui semble très-forte, est cependant très-faible. En effet, Épaminondas qui, tout le monde le sait, fut élevé et vécut dans une grande pauvreté, et Platon le philosophe, ne laissèrent pas de se distinguer par leurs chorégies, lorsqu'ils

---

13 Ἐξοστρακισμόν. L'ostracisme, institué en 509 av. J. C., consistait à prononcer par le suffrage universel le bannissement d'un citoyen dont on redoutait la puissance ou l'ambition.

14 Ἐξ οἴκων τε μεγάλων. Miltiade, Thémistocle, Aristide, Cimon, furent les principales victimes de l'ostracisme.

15 Τρίποδας. Vases à trois pieds en bronze, en argent ou en or, décernés comme récompense aux vainqueurs dans les jeux publics. Voy. Barth. *Voy. du J. Anach.*, II, ch. 12 et note VII à la fin du volume.

16 Ἐν Διονύσου (s. e. ναῷ), comme en latin : *Ventum erat ad Divæ* (s. e. *templum*). Cf. ch. xix, n. 1.

17 Ἐχορήγει (χόρος-ἡγοῦμαι). Le *chorége* était chargé de faire les frais des jeux scéniques. C'était une des liturgies les plus importantes; ceux qui acceptaient cet honneur y sacrifiaient souvent une partie de leur fortune. Voy. dans Bœckh, *Econ. pol. des Athén*, liv. III, ch. xxii, d'amples détails sur cette charge.

18 Ἐδίδασκε, comme en latin, *docere fabulam*, parce que l'auteur devait donner des leçons aux acteurs fournis par le chorége. Voy. *Hist. de la litt. gr.*, par M. Al. Pierron, ch. xvii.

ἀνεδείξαντο χορηγίας, ὁ μὲν αὐληταῖς [19] ἀνδράσιν, ὁ δὲ
παισὶ κυκλίοις χορηγήσας· τούτῳ μὲν Δίωνος τοῦ Συρα-
κοσίου [20] τὴν δαπάνην παρέχοντος, Ἐπαμεινώνδᾳ δὲ τῶν
περὶ Πελοπίδαν. Οὐ γάρ ἐστι τοῖς ἀγαθοῖς ἀκήρυκτος [21] καὶ
ἄσπονδος πρὸς τὰς παρὰ τῶν φίλων δωρεὰς πόλεμος· ἀλλὰ,
τὰς εἰς ἀπόθεσιν καὶ πλεονεξίαν ἀγεννεῖς ἡγούμενοι καὶ
ταπεινὰς, ὅσαι φιλοτιμίας τινὸς ἀκερδοῦς ἔχονται καὶ λαμ-
πρότητος οὐκ ἀπωθοῦνται. Παναίτιος [22] μέντοι περὶ τοῦ
τρίποδος ἀποφαίνει τὸν Δημήτριον ὁμωνυμίᾳ διεψευσμένον.
Ἀπὸ γὰρ τῶν Περσικῶν εἰς τὴν τελευτὴν τοῦ Πελοποννη-
σιακοῦ πολέμου, δύο μόνους Ἀριστείδας χορηγοὺς ἀνα-
γράφεσθαι νικῶντας· ὧν οὐδέτερον εἶναι τῷ Λυσιμάχου [23]
τὸν αὐτὸν, ἀλλὰ τὸν μὲν Ξενοφίλου πατρὸς, τὸν δὲ χρόνῳ
πολλῷ νεώτερον· ὡς ἐλέγχει τὰ γράμματα [24] τῆς μετ᾽ Εὐκλείδην [25] ὄντα γραμματικῆς, καὶ προσγεγραμμένος Ἀρ-
χέστρατος, ὃν ἐν τοῖς Μηδικοῖς οὐδεὶς, ἐν δὲ τοῖς Πελοποννησιακοῖς [26] συχνοὶ χορῶν διδάσκαλον ἀναγράφουσι. Τὸ
μὲν οὖν τοῦ Παναιτίου βέλτιον ἐπισκεπτέον ὅπως ἔχει [27].
Τῷ δ᾽ ὀστράκῳ πᾶς ὁ διὰ δόξαν ἢ γένος ἢ λόγου δύναμιν
ὑπὲρ τοὺς πολλοὺς νομιζόμενος ὑπέπιπτεν· ὅπου [28] καὶ

---

[19] Αὐληταῖς. « Les chœurs étaient composés d'hommes, d'enfants, de *pyrrhiquistes* (danseurs de pyrrhiques), de danseurs *cycli-
ques* et de joueurs de flûte. Un chœur de joueurs de flûte coûtait plus
qu'un chœur de tragédie. » (Bœckh.)

[20] Δίωνος. Gendre de Denys l'ancien, tyran de Syracuse.

[21] Ἀκήρυκτος, se disait d'une guerre non déclarée (ἀ priv. et
κήρυξ), sans ménagement, acharnée.

[22] Παναίτιος. Panétius, philosophe stoïcien, disciple et successeur
de Zénon (190 av. J. C.), auteur d'un traité des *Devoirs*, dont Cicéron s'est servi pour son *de Officiis*.

[23] Τῷ Λυσιμάχου (υἱῷ). — Ὁ αὐτός, avec le datif, *le même que*,
comme en latin : *idem facit occidenti*.

[24] Τὰ γράμματα. La forme des lettres.

défrayèrent, l'un une troupe de joueurs de flûte, l'autre un chœur cyclique d'enfants : c'était Dion de Syracuse qui fournissait la dépense à ce dernier, et Pélopidas à Épaminondas. Car les hommes vertueux ne font pas une guerre sans trêve ni merci aux présents de leurs amis. Les accepter pour les mettre en réserve et grossir leur fortune serait, à leurs yeux, un acte bas et honteux ; mais s'ils ont pour objet un amour désintéressé de l'honneur, ils ne les repoussent pas. Pour ce qui concerne les trépieds, Panétius démontre qu'une conformité de nom a trompé Démétrius. Car, des guerres médiques à la fin de la guerre du Péloponèse, on ne trouve que deux Aristides inscrits comme choréges vainqueurs, et ni l'un ni l'autre n'est le fils de Lysimaque ; mais l'un avait pour père Xénophile, et l'autre vécut longtemps après : c'est ce que prouvent les caractères de l'inscription qui appartiennent à l'écriture adoptée après Euclide, et la mention qu'on y fait d'Archestrate, qui n'est jamais, pendant les guerres médiques, mais est souvent, pendant celles du Péloponèse, cité comme maître des jeux. Au reste, l'assertion de Panétius demanderait un examen plus attentif. Quant à l'ostracisme, quiconque, par sa réputation, sa naissance ou l'autorité de sa parole, passait pour s'élever au-dessus du vulgaire, tombait sous ses coups ; ainsi Damon lui-même, le précepteur de Périclès, se vit, à cause de sa

---

25 Μετ' Εὐκλείδην. Après l'archontat d'Euclide. (88ᵉ olympiade, 2ᵉ année, 426 av. J. C.)

26 Μηδικοῖς, Πελοποννησιακοῖς... Guerres médiques : 490-449 ; guerres du Péloponèse : 431-404.

27 Τοῦτο ἐπισκεπτέον ὅπως ἔχει. Constr. particulière au grec, au lieu de : ἐπισκεπτέον ὅπως τοῦτο ἔχει. Au lieu de : εἰδέναι ὁπόση γή ἐστι, on dit : γὴν εἰδέναι ὁπόση ἐστί.

28 Ὅπου ne marque pas toujours un rapport de temps, mais aussi la cause d'un fait, un raisonnement. En latin, *quando*. Voy. *Matthiæ*, § 624, 2. — Viger, *Idiotismes*, p. 437 et 918.

Δάμων [29], ὁ Περικλέους διδάσκαλος, ὅτι τῷ φρονεῖν ἐδόκει τις εἶναι περιττὸς, ἐξωστρακίσθη. Καὶ μὴν ἄρξαι γε τὸν Ἀριστείδην ὁ Ἰδομενεὺς [30], οὐ κυαμευτὸν [31], ἀλλ᾽ ἑλομένων Ἀθηναίων φησίν. Εἰ δὲ καὶ μετὰ τὴν ἐν Πλαταιαῖς μάχην [32] ἦρξεν, ὡς αὐτὸς ὁ Δημήτριος γέγραφε, καὶ πάνυ πιθανόν ἐστιν ἐπὶ δόξῃ τοσαύτῃ καὶ κατορθώμασι τηλικούτοις ἀξιω- θῆναι δι᾽ ἀρετὴν, ἧς [33] διὰ πλοῦτον ἐτύγχανον οἱ λαγχά- νοντες. Ἀλλὰ γὰρ ὁ Δημήτριος, οὐ μόνον Ἀριστείδην, ἀλλὰ καὶ Σωκράτη [34] δῆλός ἐστι τῆς πενίας ἐξελέσθαι φιλοτιμούμενος, ὡς μεγάλου κακοῦ. Καὶ γὰρ ἐκείνῳ φησὶν οὐ μόνον γῆν οἰκείαν ὑπάρχειν, ἀλλὰ καὶ μνᾶς ἑβδομή- κοντα [35] τοκιζομένας ὑπὸ Κρίτωνος.

CHAPITRE II.

Aristide embrasse le parti de l'aristocratie. Il a pour adversaire Thémistocle. Différences de caractère entre ces deux grands hommes.

Ἀριστείδης δὲ, Κλεισθένους [1] μὲν τοῦ καταστησαμένου τὴν πολιτείαν μετὰ τοὺς τυράννους ἑταῖρος γεγόμενος, ζη- λώσας δὲ καὶ θαυμάσας μάλιστα τῶν πολιτικῶν ἀνδρῶν

---

[29] Δάμων, sophiste. Cf. Isocr. Περὶ ἀντιδόσεως : « Périclès eut deux maîtres, Anaxagore de Clazomène, et Damon, qui, à cette époque, était considéré comme le plus sage entre nos concitoyens. »

[30] Ἰδομενεύς, historien.

[31] Κυαμευτὸν... ἑλομένων... Nous avons vu (n. 10) que, dans l'élection par les fèves (κυάμῳ), c'était le hasard qui décidait. Cette élection différait donc essentiellement des élections par le suffrage (ψῆφος), ou par l'élévation des mains (χειροτονία), où le choix se faisait avec discernement.

[32] Ἐν Πλαταιαῖς μάχην. Victoire remportée par les Grecs sur le Perse Mardonius, en 479. Voy. plus bas, ch. xiv et suiv. Ἐν se construit non-seulement avec les noms de pays, mais avec les noms de villes : Ἐν Ἀθηναῖς, ἐν Σπάρτῃ, ἐν Αὐλίδι, etc.

prudence qui semblait en faire un homme supérieur, banni par l'ostracisme. D'ailleurs, Aristide dut son titre d'archonte, suivant Idoménée, non pas au sort des fèves, mais au choix des Athéniens. Et si c'est après la bataille de Platées, qu'il exerça cette charge, comme l'écrit Démétrius lui-même, il y a tout lieu de croire que tant de gloire et de si grands succès firent décerner à son mérite un honneur que le sort donnait à la fortune. Aussi bien ce n'est pas seulement Aristide, mais aussi Socrate que Démétrius a voulu justifier du reproche de pauvreté, comme d'un grand mal. Il prétend que ce dernier, outre une terre qu'il possédait en propre, avait encore une rente de soixante-dix mines, que lui servait Criton.

CHAPITRE II.

Aristide embrasse le parti de l'aristocratie. Il a pour adversaire Thémistocle. Différences de caractère entre ces deux grands hommes.

Aristide fut lié avec Clisthène qui rétablit le gouvernement d'Athènes après la chute des tyrans, mais son modèle, l'objet de son admiration parmi les hommes d'État,

---

³³ ʿΗς, par syllepse, se rapp. à ἀρχῆς, compris dans ἦρξεν.

³⁴ Σωκράτη. Socrate proclame lui-même sa pauvreté (Plat. *Apol.*). S'il se condamne à une amende de trente mines, c'est parce que ses amis répondent pour lui.

³⁵ Μνᾶς ἑβδομήκοντα. Une mine égalait environ 93 francs; 70 mines valaient un peu plus d'un talent. « Combien de gens possédaient moins d'un talent et moins de dix mines! Un talent pouvait suffire pour vivre. » (Bœckh, *Econ. pol. des Ath.*, liv. IV, ch. 3.)

II. — ¹ Κλεισθένους. Clisthène rétablit la république en 509, après la chute des Pisistratides, Hipparque et Hippias. Voy. Plut., *Vie de Périclès*, III.

Λυκοῦργον² τὸν Λακεδαιμόνιον, ἥψατο μὲν ἀριστοκρατικῆς πολιτείας, ἔσχε δ' ἀντιτασσόμενον ὑπὲρ τοῦ δήμου Θεμιστοκλέα τὸν Νεοκλέους. Ἔνιοι μὲν οὖν φασιν αὐτοὺς παῖδας ὄντας καὶ συντρεφομένους ἀπ' ἀρχῆς ἐν παντὶ καὶ σπουδῆς ἐχομένῳ³ καὶ παιδιᾶς πράγματι⁴ καὶ λόγῳ διαφέρεσθαι πρὸς ἀλλήλους· καὶ τὰς φύσεις εὐθὺς ὑπὸ τῆς φιλονεικίας ἐκείνης ἀνακαλύπτεσθαι· καὶ τὴν μὲν εὐχερῆ καὶ παράβολον καὶ πανοῦργον⁵ οὖσαν καὶ μετ' ὀξύτητος ἐπὶ πάντα ῥαδίως φερομένην, τὴν δ' ἱδρυμένην ἐν ἤθει βεβαίῳ καὶ πρὸς τὸ δίκαιον ἀτενῆ, ψεῦδος δὲ καὶ βωμολοχίαν καὶ ἀπάτην οὐδ' ἐν παιδιᾶς τινι τρόπῳ προσιεμένην. Ὁ μὲν οὖν Θεμιστοκλῆς εἰς ἑταιρείαν ἐμβαλὼν ἑαυτὸν εἶχε πρόβλημα καὶ δύναμιν οὐκ εὐκαταφρόνητον, ὥστε καὶ πρὸς τὸν εἰπόντα καλῶς αὐτὸν ἄρξειν Ἀθηναίων, ἄνπερ ἴσος ᾖ καὶ κοινὸς ἅπασι· « Μηδέποτ', εἶπεν, εἰς τοῦτον ἐγὼ καθίσαιμι τὸν θρόνον, ἐν ᾧ πλέον οὐδὲν ἕξουσιν οἱ φίλοι παρ' ἐμοὶ τῶν ἀλλοτρίων. » Ἀριστείδης δὲ καθ' ἑαυτὸν ὥσπερ ὁδὸν ἰδίαν ἐβάδιζε διὰ τῆς πολιτείας· πρῶτον μὲν οὐ βουλόμενος συναδικεῖν τοῖς ἑταίροις ἢ λυπηρὸς εἶναι μὴ χαριζόμενος· ἔπειτα τὴν ἀπὸ τῶν φίλων δύναμιν οὐκ ὀλίγους ὁρῶν ἐπαίρουσαν ἀδικεῖν, ἐφυλάττετο, μόνῳ τῷ χρηστὰ καὶ δίκαια πράττειν καὶ λέγειν ἀξιῶν θαρρεῖν⁶ τὸν ἀγαθὸν πολίτην.

---

² Λυκοῦργον. La liaison d'Aristide avec le démocrate Clisthène semble prouver en lui des tendances vers la démocratie; son admiration pour le fondateur du gouvernement oligarchique de Sparte montre ses préférences pour le parti aristocratique.

³ Ἐχομένῳ, avec le génitif, *tenant à, ayant rapport à...*

⁴ Πράγματι, opposé à λόγῳ, est pris ici dans son sens propre *actes* et *paroles*. Ainsi πράσσειν s'oppose à λέγειν.

était le Lacédémonien Lycurgue. Il s'attacha donc au parti aristocratique et eut pour adversaire, du côté du peuple, Thémistocle, fils de Néoclès. Suivant quelques-uns, encore enfants et élevés ensemble, on les vit, dès le principe, dans les choses sérieuses comme dans leurs jeux, dans leurs actions comme dans leurs paroles, en opposition l'un contre l'autre ; cette rivalité révéla de suite leurs caractères ; l'un souple, téméraire, entreprenant, se portant volontiers à tout avec vivacité ; l'autre posé, ferme dans sa conduite, dévoué à la justice, n'admettant le mensonge, la fourberie et la ruse, pas même sous forme de plaisanterie. Thémistocle se jeta donc dans les coteries, où il trouva un appui et une puissance qui ne sont pas à dédaigner. Aussi, comme on lui disait un jour que, pour bien gouverner les Athéniens, il fallait être équitable et impartial pour tous : « Jamais, répondit-il, je ne siégerais dans un tribunal où mes amis n'obtiendraient de moi rien de plus que les étrangers. » Aristide marchait seul, se frayant, pour ainsi dire, sa propre voie dans les affaires publiques : d'abord, il ne voulait ni partager les fautes de ses partisans, ni leur déplaire en ne les favorisant pas ; ensuite, voyant la puissance que donnent les amis en encourager plus d'un à l'injustice, il se tenait en garde contre ce danger : la probité et la justice dans les actions comme dans les paroles devaient être, à ses yeux, le seul appui d'un bon citoyen.

---

⁵ Πανοῦργον (πᾶν et ἔργον), capable de tout ; ce mot implique presque toujours une idée fâcheuse. Cf. *Vie de Thémistocle*, ch. II. Démosth., *Olynth.*, ch. 1, appelle Philippe : πανοῦργος καὶ δεινὸς ἄνθρωπος πράγμασι χρῆσθαι.

⁶ Θαρρεῖν. D'autres lisent χαίρειν, *se plaire à...*

CHAPITRE III.

Chacun d'eux s'efforce de s'opposer aux mesures proposées par son rival. Constance et justice inébranlables d'Aristide.

Οὐ μὴν ἀλλὰ, πολλὰ κινουμένου τοῦ Θεμιστοκλέους παραβόλως, καὶ πρὸς πᾶσαν αὐτῷ πολιτείαν ἐνισταμένου καὶ διακόπτοντος, ἠναγκάζετό που καὶ αὐτὸς, τὰ μὲν [1] ἀμυνόμενος, τὰ δὲ κολούων τὴν ἐκείνου δύναμιν χάριτι τῶν πολλῶν αὐξομένην, ὑπεναντιοῦσθαι [2] οἷς ἔπραττεν [3] ὁ Θεμιστοκλῆς· βέλτιον ἡγούμενος παρελθεῖν [4] ἔνια τῶν συμφερόντων τῷ δήμῳ, ἢ τῷ κρατεῖν ἐκεῖνον ἐν πᾶσιν ἰσχυρὸν γενέσθαι. Τέλος δέ ποτε τοῦ Θεμιστοκλέους πράττοντός τι τῶν δεόντων, ἀντικρούσας καὶ περιγενόμενος οὐ κατέσχεν, ἀλλ' εἶπεν [5] ἀπὸ τῆς ἐκκλησίας ἀπιὼν, ὡς οὐκ ἔστι [6] σωτηρία τοῖς Ἀθηναίων πράγμασιν, εἰ μὴ καὶ Θεμιστοκλέα καὶ αὐτὸν εἰς τὸ βάραθρον [7] ἐμβάλοιεν. Πάλιν δὲ γράψας [8] τινὰ γνώμην εἰς τὸν δῆμον, ἀντιλογίας οὔσης πρὸς αὐτὴν καὶ φιλονεικίας, ἐκράτει· μέλλοντος δὲ τοῦ προέδρου [9] τὸν δῆμον ἐπερωτᾶν, αἰσθόμενος ἐκ τῶν λόγων αὐτῶν τὸ ἀσύμφορον, ἀπέστη τοῦ ψηφίσματος. Πολλάκις δὲ καὶ δι' ἑτέρων εἰσέφερε τὰς γνώμας, ὡς μὴ φιλονεικίᾳ τῇ πρὸς αὐτὸν ὁ Θεμιστοκλῆς ἐμπόδιος εἴη τῷ συμφέροντι. Θαυ-

---

III. — [1] Τὰ μὲν... τὰ δέ. Tantôt..., tantôt.

[2] Ὑπεναντιοῦσθαι. Ὑπό, comme sub, en latin, en dessous, secrètement, sans hostilités déclarées.

[3] Οἷς ἔπραττεν. Attraction. Τούτοις ἃ ἔπραττεν.

[4] Παρελθεῖν, sens actif, laisser de côté.

[5] Οὐ κάτεσχεν, ἀλλ' εἶπεν. Il ne put s'empêcher, mais il dit... Il ne peut s'empêcher de dire.

[6] Ὡς οὐκ ἔστι. Même avec ὡς ou ὅτι, dans le style indirect, on emploie le présent, comme si l'on rapportait les paroles mêmes.

CHAPITRE III.

Chacun d'eux s'efforce de s'opposer aux mesures proposées par son rival. Constance et justice inébranlables d'Aristide.

Cependant, les intrigues multipliées et téméraires de Thémistocle, qui venait contrecarrer et battre en brèche toutes ses mesures politiques, le forcèrent parfois, lui aussi, tantôt pour se défendre, tantôt pour arrêter la puissance de son rival, qu'augmentait sans cesse la faveur populaire, à contrarier les actes de Thémistocle. Il valait mieux, pensait-il, sacrifier quelquefois les intérêts du peuple, que de laisser toujours le succès fortifier la supériorité de son rival. Enfin, un jour que Thémistocle proposait une mesure utile, Aristide l'attaqua, et eut le dessus; il ne put s'empêcher de dire, en sortant de l'assemblée, qu'il n'y avait de salut pour les affaires d'Athènes, qu'en les jetant, Thémistocle et lui, dans le Barathrum. Une autre fois, il avait proposé au peuple un projet, qui soulevait beaucoup de réclamations et de débats. Il l'emportait, et le proèdre allait consulter le peuple, lorsque Aristide, reconnaissant, par la discussion même, l'inopportunité de son projet, se désista. Souvent aussi, il faisait présenter ses décrets par d'autres, de peur que la jalousie ne portât Thémistocle à entraver une mesure utile. Il montrait une

---

[7] Βάραθρον. Le *Barathrum*, fosse profonde auprès d'Athènes, où l'on avait primitivement précipité les condamnés. Cet ancien usage avait donné lieu à une expression proverbiale, comme βάλλειν εἰς κόρακας.

[8] Γράφω. Rédiger un projet de décret, proposer.

[9] Il y avait dix *proèdres*, ou chefs de tribus. Les proèdres (πρό-ἴδρα), choisis parmi les prytanes pour présider les assemblées du peuple, lui exposaient le sujet de la délibération, l'avis des Cinq Cents, et lui demandaient s'il voulait improuver ou ratifier.

μαστὴ δέ τις ἐφαίνετο αὐτοῦ παρὰ τὰς ἐν τῇ πολιτείᾳ μετα-
βολὰς ἡ εὐστάθεια, μήτε ταῖς τιμαῖς ἐπαιρομένου, πρός τε
τὰς δυσημερίας ἀθορύβως καὶ πράως ἔχοντος, καὶ ὁμοίως
ἡγουμένου χρῆναι τῇ πατρίδι παρέχειν ἑαυτὸν, οὐ χρημάτων μόνον, ἀλλὰ καὶ δόξης [10] προῖκα καὶ ἀμισθὶ πολιτευό-
μενον. Ὅθεν, ὡς ἔοικε, τῶν εἰς Ἀμφιάραον [11] ὑπ᾽ Αἰσχύλου
πεποιημένων ἰαμβείων [12] ἐν τῷ θεάτρῳ λεγομένων·

> Οὐ γὰρ δοκεῖν δίκαιος [13], ἀλλ᾽ εἶναι θέλει,
> Βαθεῖαν ἄλοκα διὰ φρενὸς καρπούμενος [14],
> Ἀφ᾽ ἧς τὰ κεδνὰ βλαστάνει βουλεύματα·

πάντες ἀπέβλεψαν εἰς Ἀριστείδην, ὡς ἐκείνῳ μάλιστα τῆς
ἀρετῆς ταύτης προσηκούσης.

CHAPITRE IV.

**Il fait passer après la justice la haine aussi bien que la faveur. Sa
conduite envers les dilapidateurs des deniers publics.**

Οὐ μόνον δὲ πρὸς εὔνοιαν καὶ χάριν, ἀλλὰ καὶ πρὸς
ὀργὴν καὶ πρὸς ἔχθραν ἰσχυρότατος ἦν ὑπὲρ τῶν δικαίων
ἀντιβῆναι [1]. Λέγεται γοῦν ποτε διώκων ἐχθρὸν ἐν δικαστηρίῳ, μετὰ τὴν κατηγορίαν οὐ βουλομένων ἀκούειν τοῦ κιν-
δυνεύοντος τῶν δικαστῶν, ἀλλὰ τὴν ψῆφον εὐθὺς αἰτούντων

---

[10] Χρημάτων, δόξης, compléments de προῖκα, primitivement accusatif de προῖξ (κατὰ προῖκα χρημάτων). — Ἀμισθί, ἀμισθεῖ, ancienne forme de datif.

[11] Ἀμφιάραον. Amphiaraüs, devin, et l'un des chefs de la guerre
de Thèbes. — Les vers qui suivent sont tirés d'Eschyle, *les Sept
devant Thèbes*, v. 592 et suiv.

[12] Ἰαμβείων, vers iambiques, contenant un iambe aux pieds pairs,
usités dans le dialogue.

[13] Δίκαιος. Dans Eschyle, le messager dit ἄριστος.

constance admirable dans les vicissitudes de la politique ; les honneurs ne l'exaltaient pas, les revers le trouvaient calme et résigné ; il croyait toujours se devoir à sa patrie, et ce n'étaient ni les richesses, ni même la gloire ou l'espoir des récompenses qui le décidaient à la servir. Aussi, un jour, à ce qu'il paraît, comme on récitait au théâtre les vers ïambiques d'Eschyle sur Amphiaraüs :

> Sembler juste pour lui n'est rien, il le veut être :
> Et son âme est un sol profond et vigoureux,
> Où germe la moisson des desseins généreux ;

tous portèrent leurs regards sur Aristide, comme sur celui à qui convenait le mieux cet éloge.

CHAPITRE IV.

Il fait passer après la justice la haine aussi bien que la faveur. Sa conduite envers les dilapidateurs des deniers publics.

Ce n'était pas seulement contre la bienveillance et la faveur, mais contre la colère et la haine qu'il savait avec énergie défendre la justice. Un jour, dit-on, il poursuivait un de ses ennemis devant le tribunal. Après l'exposé des griefs, les juges refusaient d'entendre l'accusé, et deman-

---

14 Βαθεῖαν ἄλοχα χαρπούμενος... Métaphore hardie, dans le goût d'Eschyle. L'âme est comparée à un *sillon* fertile, où *germent* de sages résolutions. C'est par une image moins vive, et devenue ordinaire, que le français dit : Cette pensée a *germé* dans son esprit le *fruit* de la sagesse.

IV. — **1** Ἰσχυρότατος ἀντιβῆναι. Emploi de l'infinitif après un adjectif, comme en français, et contrairement aux habitudes du latin. Cependant on trouve cette tournure chez les poëtes : *Celer sequi.* (Hor.) *Arcere Caïcos oppositi.* (Luc.) *Solers nosse.* (Perse.) *Niveus videri.* (Hor.) *Peritus cantare.* (Virg.)

ἐπ' αὐτὸν, ἀναπηδήσας τῷ κρινομένῳ[2] συνικετεύειν, ὅπως ἀκουσθείη καὶ τύχοι τῶν νομίμων. Πάλιν δὲ κρίνων ἰδιωταῖς[3] δυσὶ, τοῦ ἑτέρου λέγοντος, ὡς πολλὰ τυγχάνει τὸν Ἀριστείδην ὁ ἀντίδικος λελυπηκώς· « Λέγ', ὦ 'γαθὲ[4], φάναι, μᾶλλον, εἴ τι σὲ κακὸν πεποίηκε[5]· σοὶ γὰρ, οὐκ ἐμαυτῷ, δικάζω » Τῶν δὲ δημοσίων προσόδων αἱρεθεὶς ἐπιμελητὴς[6], οὐ μόνον τοὺς καθ' αὐτὸν, ἀλλὰ καὶ τοὺς πρὸ αὐτοῦ γενομένους ἄρχοντας ἀπεδείκνυε πολλὰ νενοσφισμένους, καὶ μάλιστα τὸν Θεμιστοκλέα·

Σοφὸς γὰρ ἀνὴρ[7], τῆς δὲ χειρὸς οὐ κρατῶν[8].

Διὸ καὶ συναγαγὼν πολλοὺς ἐπὶ τὸν Ἀριστείδην, ἐν ταῖς εὐθύναις[9] διώκων κλοπῆς[10] καταδίκη περιέβαλεν, ὥς φησιν Ἰδομενεύς. Ἀγανακτούντων δὲ τῶν πρώτων ἐν τῇ πόλει καὶ βελτίστων, οὐ μόνον ἀφείθη τῆς ζημίας, ἀλλὰ καὶ πάλιν ἄρχων ἐπὶ τὴν αὐτὴν διοίκησιν ἀπεδείχθη. Προσποιούμενος δὲ τῶν προτέρων μεταμέλειν αὐτῷ, καὶ μαλακώτερον ἐνδιδοὺς ἑαυτὸν, ἤρεσκε τοῖς τὰ κοινὰ κλέπτουσιν, οὐκ ἐξελέγχων, οὐδ' ἀκριβολογούμενος[11], ὥστε καταπιμπλαμένους[12] τῶν δημοσίων ὑπερεπαινεῖν τὸν Ἀριστεί-

---

[2] Τῷ κρινομένῳ, au datif à cause de la préposition σὺν contenue dans le verbe suivant.

[3] Κρίνων ἰδιώταις. Κρίνειν τινί, avec le datif, dans le sens neutre, ou en sous-entendant δίκην, être établi juge pour quelqu'un; différent de κρίνειν τινά, juger un accusé.

[4] Ὦ 'γαθε. L'élision ne pouvant porter sur une longue, c'est la première voyelle du mot suivant qui disparaît. De même ὦ 'ταν, ποῦ 'στιν, ἡ 'νσέβεια.

[5] Εἴ τι σὲ κακὸν πεποίηκε. Emploi de deux accusatifs : σὲ est complément direct de κακὸν πεποίηκε, qui forme une sorte de locution verbale.

[6] Τῶν δημοσίων προσόδων ἐπιμελητής, ou ταμίας τῆς κοινῆς προσόδου, le trésorier ou intendant des revenus publics, avait « l'inspection générale sur la perception de tous les revenus publics;... il

daient à voter sur-le-champ contre lui. Aristide s'élance, et
se joint au prévenu, pour les prier de l'entendre et de le
laisser jouir du bénéfice de la loi.

Une autre fois, il jugeait une affaire entre deux simples
particuliers; l'un d'eux rappelait les nombreux méfaits de son
adversaire envers Aristide. « Mon ami, dit celui-ci, parle
plutôt du mal qu'il t'a fait; ce n'est pas moi, c'est toi qui
es en cause. » Élu trésorier des revenus publics, il dévoila
les prévarications multipliées, non-seulement de ceux qui
avaient été en charge de son temps, mais de ceux qui l'a-
vaient précédé, et surtout de Thémistocle,

> Sage, mais n'ayant pas pourtant les mains très-pures.

Aussi ce dernier forma-t-il une ligue contre Aristide, et,
lors de la reddition de ses comptes, il le poursuivit, et le fit
condamner pour détournement, s'il faut en croire Idoménée.
Cette iniquité indigna les premiers et les meilleurs citoyens,
et l'on ne se borna pas à lui faire remise de l'amende, on lui
confia de nouveau les mêmes fonctions. Alors, feignant de
regretter sa conduite passée, il se montra plus traitable, et
charma les dilapidateurs des deniers publics, en s'abstenant
de les dénoncer et d'examiner de trop près leurs comptes.
Ceux-ci, gorgés de l'argent de l'État, comblaient de louanges

---

était, dans d'autres conditions, ce qu'est le ministre des finances
dans les États modernes. » Bœckh, *Econ. pol. des Ath.*, liv. II,
ch. VI.

7 'Ανήρ (esprit rude), pour ὁ ἀνήρ.

8 Vers iambique d'une comédie inconnue.

9 Εὐθύναις. Les comptes que devait rendre, en sortant de charge,
tout citoyen qui avait été revêtu d'un caractère public. (Voy. Dém.,
Olynth., I, ch. IV, note 1 de l'édit. Dezobry.)

10 Κλοπῆς, s. e. περί ou ἕνεκα. En latin : *damnare furti*.

11 'Ακριβολογούμενος, de ἀκριβής, *exact*. et λόγος, *compte*.

12 Καταπιμπλάμενος. Expression énergique. Ainsi Cicéron. dans
les *Verrines : Ut aliquando expleti et satiati discederent*.

δην, καὶ δεξιοῦσθαι ¹⁵ τὸν δῆμον ὑπὲρ αὐτοῦ σπουδάζοντας
ἄρχοντα πάλιν αἱρεθῆναι. Μελλόντων δὲ χειροτονεῖν ¹⁴,
ἐπετίμησε τοῖς Ἀθηναίοις· "Ὅτε μὲν γὰρ ¹⁵, ἔφη, πιστῶς
καὶ καλῶς ὑμῖν ἦρξα, προὐπηλακίσθην ¹⁶· ἐπεὶ δὲ πολλὰ
τῶν κοινῶν καταπροεῖμαι τοῖς κλέπτουσι, θαυμαστὸς εἶναι
δοκῶ πολίτης. Αὐτὸς μὲν οὖν αἰσχύνομαι τῇ νῦν τιμῇ
μᾶλλον, ἢ τῇ πρώην καταδίκῃ· συνάχθομαι δ' ὑμῖν, παρ' οἷς
ἐνδοξότερόν ἐστι τοῦ σώζειν τὰ δημόσια τὸ χαρίζεσθαι τοῖς
πονηροῖς. » Ταῦτα δ' εἰπὼν, καὶ τὰς κλοπὰς ἐξελέγξας,
τοὺς μὲν τότε βοῶντας καὶ μαρτυροῦντας ὑπὲρ αὐτοῦ κα-
τεστόμισε, τὸν δ' ἀληθινὸν καὶ δίκαιον ἀπὸ τῶν βελτίστων
ἔπαινον εἶχεν.

CHAPITRE V.

L'un des dix généraux nommés contre les Perses, il s'efface devant
l'autorité de Miltiade et remplit le rôle de conciliateur. Son
courage à Marathon; son désintéressement après la victoire.
Trésor détourné par Callias le *Laccoploute*. Aristide, archonte
éponyme.

Ἐπεὶ δὲ Δᾶτις ¹ ὑπὸ Δαρείου πεμφθεὶς λόγῳ μὲν ἐπι-
θεῖναι δίκην Ἀθηναίοις ὅτι Σάρδεις ² ἐνέπρησαν, ἔργῳ δὲ
καταστρέψασθαι τοὺς Ἕλληνας, εἰς Μαραθῶνα ³ παντὶ τῷ
στόλῳ κατέσχε καὶ τὴν χώραν ἐπόρθει, τῶν δέκα καθεστώ-
των τοῖς Ἀθηναίοις ἐπὶ τὸν πόλεμον στρατηγῶν, μέγιστον

---

¹⁵ Δεξιοῦσθαι, *prensare*, capter. *Prensare Galba fallaciis.* Cic.
¹⁴ Χειροτονεῖν. Voy. plus haut, ch. ι, note 10 et 31, et ch. χι,
note 1.
¹⁵ Γὰρ. La suite des idées est : Αἰσχύνομαι, κ. τ. λ. *Je rougis...
car...* Ainsi, dans Virg., *Énéide*, I, 65 : Æole, *namque* tibi... Il faut
construire : *Incute vim ventis : namque tibi,* etc.
¹⁶ Προὐπηλακίσθην. R. πῆλος, boue. *Pompeius luto oblitus.* Cic.
Luta et limum aggerebant. Id.

Aristide, et intriguaient activement auprès du peuple pour le faire élire encore trésorier. On allait voter, lorsque Aristide tança ainsi les Athéniens : « Oui, s'écria-t-il, magistrat fidèle et honnête, on m'a couvert de boue ; depuis que je livre aux voleurs une large part du trésor public, on trouve que je suis un homme admirable. Eh bien, moi, je rougis plus de votre estime présente que de ma condamnation passée : et je suis navré de voir que chez vous il est moins glorieux de sauver la fortune de l'État que de complaire aux fripons. » A ces mots, il dévoile leurs concussions, et ceux qui tout à l'heure criaient et témoignaient en sa faveur restent bouche close, tandis qu'il obtient les éloges sincères et légitimes des honnêtes gens.

CHAPITRE V.

L'un des dix généraux nommés contre les Perses, il s'efface devant l'autorité de Miltiade et remplit le rôle de conciliateur. Son courage à Marathon ; son désintéressement après la victoire. Trésor détourné par Callias le *Laccoploute*. Aristide, archonte éponyme.

Cependant, Datis, envoyé par Darius, sous prétexte de punir les Athéniens de l'incendie de Sardes, mais en réalité pour subjuguer la Grèce, vint avec toute son armée aborder à Marathon, et ravager la contrée. Les Athéniens nomment pour cette guerre dix généraux, parmi lesquels Miltiade était le premier en dignité, Aristide par sa réputation et son crédit occupait le second rang. En se rangeant alors à l'avis de

---

V. — ¹ Δᾶτις. Datis commanda les Perses avec Artapherne, pendant la première guerre médique (491 av. J. C.).

² Σάρδεις. Capitale du royaume de Lydie, sur le Pactole.

³ Μαραθῶνα, bourg de l'Attique, au N. E. d'Athènes, en face de l'Eubée. Voy. le récit de cette bataille dans Hérodote, liv. V et VI.

μὲν εἶχεν ἀξίωμα Μιλτιάδης [4], δόξῃ δὲ καὶ δυνάμει δεύτερος
ἦν Ἀριστείδης· καὶ τότε περὶ τῆς μάχης γνώμῃ τῇ Μιλτιάδου [5] προςθέμενος οὐ μικρὰν ἐποίησε ῥοπήν· καὶ παρ᾽ ἡμέραν
ἑκάστου στρατηγοῦ τὸ κράτος ἔχοντος, ὡς περιῆλθεν εἰς
αὐτὸν ἡ ἀρχή, παρέδωκε Μιλτιάδῃ, διδάσκων τοὺς συνάρ-
χοντας, ὅτι τὸ πείθεσθαι καὶ ἀκολουθεῖν [6] τοῖς εὖ φρονοῦσιν
οὐκ αἰσχρὸν, ἀλλὰ σεμνόν ἐστι καὶ σωτήριον. Οὕτω δὲ
πραΰνας τὴν φιλονεικίαν, καὶ προτρεψάμενος αὐτοὺς ἀγαπᾶν
μιᾷ γνώμῃ τῇ κρατίστῃ χρωμένους, ἔρρωσε τὸν Μιλτιάδην,
τῷ ἀπεριστάτῳ τῆς ἐξουσίας ἰσχυρὸν γενόμενον. Χαίρειν
γὰρ ἐῶν [7] ἕκαστος ἤδη [8] τὸ παρ᾽ ἡμέραν ἄρχειν ἐκείνῳ
προςεῖχεν. Ἐν δὲ τῇ μάχῃ, μάλιστα τῶν Ἀθηναίων τοῦ
μέσου πονήσαντος [9], καὶ πλεῖστον ἐνταῦθα χρόνον τῶν βαρβάρων ἀντερεισάντων κατὰ Λεοντίδα καὶ Ἀντιοχίδα φυ-
λὴν [10], ἠγωνίσαντο λαμπρῶς τεταγμένοι παρ᾽ ἀλλήλους ὅ
τε Θεμιστοκλῆς καὶ ὁ Ἀριστείδης. Ὁ μὲν γὰρ Λεοντίδης
ἦν, ὁ δ᾽ Ἀντιοχίδης. Ἐπεὶ δὲ τρεψάμενοι τοὺς βαρβάρους
ἐνέβαλον εἰς τὰς ναῦς, καὶ πλέοντας οὐκ ἐπὶ νήσων [11] ἑώρων,
ἀλλ᾽ ὑπὸ τοῦ πνεύματος καὶ τῆς θαλάσσης εἴσω [12] πρὸς
τὴν Ἀττικὴν ἀποβιαζομένους, φοβηθέντες μὴ τὴν πόλιν
ἔρημον λάβωσι τῶν ἀμυνομένων, ταῖς μὲν ἐννέα φυλαῖς [15]
ἠπείγοντο πρὸς τὸ ἄστυ, καὶ κατήνυσαν αὐθημερόν· ἐν δὲ
Μαραθῶνι μετὰ τῆς ἑαυτοῦ φυλῆς Ἀριστείδης ἀπολειφθεὶς

---

[4] Μιλτιάδης. Miltiade, fils de Cimon, avait régné en Thrace et
conduit avec succès une colonie dans la Chersonèse.

[5] Γνώμῃ τῇ Μιλτιάδου. Les autres généraux, effrayés d'avoir quelque 500,000 Perses à combattre avec 12,000 Athéniens, voulaient
différer le combat. Ce furent Miltiade et Aristide qui décidèrent les
Grecs à livrer la bataille sans délai.

[6] Ἀκολουθεῖν, suivre, par conséquent obéir; de même, en latin,
obsequi.

[7] Χαίρειν ἐᾶν, comme en latin, salvere jubeo, dire adieu, sou-
haiter le bonjour, renoncer à.

Miltiade, qui voulait livrer bataille, il ne contribua pas peu à faire pencher la balance. Chaque général avait pour un jour l'autorité suprême. Aristide, quand son tour vint lui donner le commandement, le céda à Miltiade, et montra ainsi à ses collègues que l'obéissance et la soumission à la prudence, loin d'être une honte, sont un honneur et une garantie de salut. Il apaisa ainsi les rivalités, et, les engageant à se conformer avec plaisir à l'avis le plus sage, il fortifia l'autorité de Miltiade, qui vit la continuité de son pouvoir assurer sa prééminence : car tous, renonçant dès lors au droit de commander pour un jour, furent à ses ordres.

Dans la bataille, le centre des Athéniens eut surtout à souffrir, et ce fut là que les barbares portèrent le plus longtemps leur effort contre les tribus Léontide et Antiochide. La lutte fut brillamment soutenue par Thémistocle et Aristide, postés l'un près de l'autre, car l'un était de la tribu Léontide et l'autre de l'Antiochide. Ils mirent les barbares en déroute et les poussèrent jusque dans leurs vaisseaux. Mais, les voyant, au lieu de naviguer vers les îles, entraînés par le vent et les courants, en deçà, vers l'Attique, ils craignirent que la ville sans défenseurs ne tombât en leur pouvoir. Neuf des tribus furent dirigées en toute hâte vers Athènes, et y arrivèrent le jour même. Aristide fut laissé à Marathon avec sa tribu pour garder les prisonniers et le butin.

---

8 Ἤδη, *jam*, dès lors.

9 Πονήσαντος. *Laborare* a le même sens en latin.

10 Φυλήν. Chacune des dix tribus d'Athènes avait fourni mille hommes et un général. Le contingent de chaque tribu était resté séparé des autres sur le champ de bataille.

11 Νήσων. L'Eubée et les petites îles voisines, où il était naturel que les Perses cherchassent un refuge après la défaite.

12 Εἴσω, car en gagnant la haute mer, ils eussent été en quelque sorte *en dehors*, ἔξω.

13 Φυλαῖς, c'est-à-dire le contingent qui représentait ces tribus.

φύλαξ τῶν αἰχμαλώτων καὶ τῶν λαφύρων, οὐκ ἐψεύσατο τὴν
δόξαν· ἀλλὰ, χύδην μὲν ἀργυρίου καὶ χρυσοῦ παρόντος,
ἐσθῆτος [14] δὲ παντοδαπῆς καὶ χρημάτων ἄλλων ἀμυθήτων
ἐν ταῖς σκηναῖς καὶ τοῖς ἡλωκόσι [15] σκάφεσιν ὑπαρχόντων,
οὔτ' αὐτὸς ἐπεθύμησε θιγεῖν, οὔτ' ἄλλον εἴασε, πλὴν εἴ [16]
τινες ἐκεῖνον λαθόντες ὠφελήθησαν· ὧν ἦν καὶ Καλλίας ὁ
δᾳδοῦχος [17]. Τούτῳ γάρ τις, ὡς ἔοικε, τῶν βαρβάρων
προσέπεσεν, οἰηθεὶς [18] βασιλέα διὰ τὴν κόμην καὶ τὸ στρόφιον
εἶναι· προσκυνήσας δὲ καὶ λαβόμενος τῆς δεξιᾶς, ἔδειξε
πολὺν χρυσὸν ἐν λάκκῳ τινὶ κατορωρυγμένον. Ὁ δὲ Καλλίας, ὠμότατος ἀνθρώπων καὶ παρανομώτατος γενόμενος,
τὸν μὲν χρυσὸν ἀνείλετο, τὸν δ' ἄνθρωπον, ὡς μὴ κατείποι
πρὸς ἑτέρους, ἀπέκτεινεν. Ἐκ τούτου φασὶ καὶ λακκοπλούτους [19] ὑπὸ τῶν κωμικῶν τοὺς ἀπὸ τῆς οἰκίας λέγεσθαι,
σκωπτόντων εἰς τὸν τόπον, ἐν ᾧ τὸ χρυσίον ὁ Καλλίας
εὗρεν. Ἀριστείδης δὲ τὴν ἐπώνυμον εὐθὺς ἀρχὴν ἦρξε [20].
Καίτοι φησὶν ὁ Φαληρεὺς Δημήτριος ἄρξαι τὸν ἄνδρα [21]
μικρὸν ἔμπροσθεν τοῦ θανάτου, μετὰ τὴν ἐν Πλαταιαῖς
μάχην [22]. Ἐν δὲ ταῖς ἀναγραφαῖς, μετὰ μὲν Ξανθιππίδην,
ἐφ' οὗ [23] Μαρδόνιος ἡττήθη Πλαταιᾶσιν, οὐδ' [24] ὁμώνυμον

---

[14] Ἐσθῆτος, sens général, étoffes de toute espèce. De même
vestis, en latin : Illusasque auro vestes. Virg. In pecore, argento,
auro, ebore, veste, supellectile. Cic.

[15] Ἡλωκόσι, ἑαλωκόσι, part. parf. de ἁλίσκομαι.

[16] Ἄλλον... πλὴν εἴ τινες, tournure latine aussi bien que grecque :
Illi etiam, si quos obscura nocte per umbram fudimus. Virg.

[17] Ὁ δᾳδοῦχος, prêtre qui portait le flambeau dans la célébration
des mystères de Cérès.

[18] Οἰηθείς. Aor. part. avec signification active, comme ἐβουλήθην,
ἐδυνήθην, ᾐσχύνθην.

[19] Λακκοπλούτους. De λάκκος, trou, et πλοῦτος, richesse. Bœck.,
Econ. pol. des Athén., liv. IV, ch. III. « On prétend qu'il dut son
surnom à un trésor dont il s'empara après avoir tué le Perse qui le

Il ne démentit point sa réputation. Des monceaux d'or et d'argent, des étoffes de toute espèce, et d'autres richesses au delà de toute expression encombraient les tentes et les vaisseaux capturés. Il n'eut pas l'idée d'y toucher lui-même, et en empêcha les autres, sauf quelques-uns qui, à son insu, en firent leur profit. De ce nombre fut Callias, le porte-torche. Un des barbares vint, à ce qu'il paraît, le trouver, le prenant, à sa longue chevelure et à son bandeau, pour un roi. Il se prosterna, lui saisit la main, et lui montra une grande quantité d'or enfouie dans un trou. Ce Callias, qui fut le plus cruel et le plus inique des hommes, enleva l'or; quant à l'homme, de peur qu'il n'en parlât à d'autres, il le tua. C'est de là, dit-on, que les poëtes comiques donnèrent aux membres de cette famille le nom de Laccoploutes, par une allusion plaisante au lieu où Callias avait trouvé son or. Aussitôt après, Aristide fut archonte éponyme. Cependant, s'il faut en croire Démétrius de Phalère, il n'aurait exercé cette charge que peu de temps avant sa mort, après la ba-taille de Platées. Mais les registres, après Xanthippide, sous l'archontat duquel eut lieu la défaite de Mardonius à Platées, ne mentionnent pas même, parmi une longue suite d'ar-

---

lui avait montré; cela ressemble à une fable, d'autant plus que ce récit se trouve avec des variantes et la substitution de la bataille de Salamine à celle de Marathon. »

[20] Ἐπώνυμον ἀρχὴν ἦρξε. Voy. ch. I, n. 9. — Ἀρχὴν ἄρχειν, rap-prochement du substantif et du verbe de même famille, comme κιν-δυνεῖν κίνδυνον, ὑπνεῖν ὕπνον; *pugnare pugnam.* « Et plein du grand *combat* qu'il avait *combattu,* » a dit un poëte moderne. C'est cette figure que les anciens grammairiens appelaient σχῆμα ἐτυμολογικόν.

[21] Ἄνδρα. Ἀνήρ ayant par lui-même, comme *vir* en latin, un sens favorable, signifie ce *grand* homme.

[22] Τὴν ἐν Πλαταιαῖς μάχην. Voy. ch. I, n. 32.

[23] Ἐφ᾽ οὗ. Ἐπί, avec le génitif, *du temps de; sous lequel, sous l'archontat duquel.*

[24] Οὐδέ, *pas même* un homonyme d'Aristide, loin d'y trouver Aristide lui-même.

Ἀριστείδη ἐν πάνυ πολλοῖς λαβεῖν ἔστι ²⁵· μετὰ δὲ Φά-
νιππον, ἐφ᾽ οὗ τὴν ἐν Μαραθῶνι μάχην ἐνίκων ²⁶, εὐθὺς
Ἀριστείδης ἄρχων ἀναγέγραπται.

CHAPITRE VI.

Aristide, surnommé *le Juste*. Digression sur la justice.

Πασῶν δὲ τῶν περὶ αὐτὸν ¹ ἀρετῶν ἡ δικαιοσύνη μάλιστα
τοῖς πολλοῖς ² αἴσθησιν παρεῖχε, διὰ τὸ τὴν χρείαν ἐνδελε-
χεστάτην αὐτῆς καὶ κοινοτάτην ὑπάρχειν. Ὅθεν, ἀνὴρ
πένης καὶ δημοτικὸς, ἐκτήσατο τὴν βασιλικωτάτην καὶ θειο-
τάτην προσηγορίαν, τὸν Δίκαιον. Ὁ τῶν βασιλέων καὶ τυ-
ράννων οὐδεὶς ἐζήλωσεν· ἀλλὰ Πολιορκηταὶ ³ καὶ Κεραυνοὶ
καὶ Νικάτορες, ἔνιοι δ᾽ Ἀετοὶ καὶ Ἱέρακες ἔχαιρον προς-
αγορευόμενοι ⁴, τὴν ἀπὸ τῆς βίας καὶ τῆς δυνάμεως, ὡς
ἔοικε, μᾶλλον ἢ τὴν ἀπὸ τῆς ἀρετῆς δόξαν ἀγαπῶντες.
Καίτοι τὸ θεῖον, ᾧ γλίχονται συνοικειοῦν καὶ συναφομοιοῦν
αὐτοὺς, τρισὶ δοκεῖ διαφέρειν, ἀφθαρσίᾳ, καὶ δυνάμει, καὶ
ἀρετῇ· ὧν σεμνότατον ⁵ ἀρετὴ καὶ θειότατόν ἐστι. Ἀφθάρτῳ ⁶
μὲν γὰρ εἶναι καὶ τῷ κενῷ ⁷ καὶ τοῖς στοιχείοις συμβέβηκε,

---

²⁵ Λαβεῖν ἔστι. Construction de ἔστι avec l'infinitif qui se retrouve
dans la tournure latine ; *videre est, reperire est ;* et en français : *il
est à croire, il est à présumer.*

²⁶ Ἐνίκων, s. e. οἱ Ἀθηναῖοι.

VI. — ¹ Περὶ αὐτόν. Littér. : *Se rapportant à Aristide :* périphrase
commune en grec, ayant à peu près la valeur du génitif. Les soldats
d'Alexandre : οἱ περὶ Ἀλέξανδρον στρατιῶται.

² Τοῖς πολλοῖς, le peuple, la multitude ; bien différent de πολλοῖς
sans article.

⁵ Πολιορκηταί, κ. τ. λ. Poliorcète, *preneur de villes,* comme Démétrius ; Céraunus, *foudre,* comme Ptolémée ; Nicator, *vainqueur,*
comme Séleucus ; Ἀετοί, *aigles,* surnom donné à Pyrrhus par ses
soldats ; Ἱέρακες, *vautours,* par exemple Antiochus *Hiérax,* frère de
Séleucus, roi de Syrie.

chontes, un homonyme d'Aristide, tandis qu'après Phanippe, sous lequel fut remportée la victoire de Marathon, on trouve immédiatement le nom d'Aristide, archonte.

CHAPITRE VI.

Aristide, surnommé *le Juste*. Digression sur la justice.

De toutes ses vertus, la justice était celle qui faisait le plus d'impression sur le peuple : car c'est celle qui trouve la plus continuelle et la plus commune application. Aussi, pauvre et d'origine plébéienne, il obtint le surnom le plus royal et le plus divin, celui de juste, titre que jamais roi ni tyran n'ambitionna. Preneurs de villes, Foudres, Vainqueurs, quelquefois Aigles ou Vautours, voilà les noms qui leur plaisent : la force et la puissance semblent leur offrir une gloire préférable à celle que donne la vertu. Et pourtant, cette divinité, dont ils se piquent d'être les émules et les égaux, a, ce semble, trois attributs distinctifs, l'immortalité, la puissance et la vertu ; et le plus auguste, le plus divin, c'est la vertu. L'immortalité, en effet, appartient aussi au vide et aux éléments ; la puissance est un caractère redoutable des tremblements de terre, des foudres, des

---

⁴ Ἔχαιρον προσαγορευόμενοι. Le participe se construit en grec au lieu de l'infinitif : μέμνησο ἄνθρωπος ὤν, διατελεῖ με ἀγαπῶν, pour : Μέμνησό σε ἄνθρωπον εἶναι, διατελεῖ με ἀγαπᾶν.

⁵ Σεμνότατον. L'adjectif se construit quelquefois au neutre avec un substantif féminin ou masculin : Οὐκ ἀγαθὸν πολυκοιρανίη. Hom. *Triste* lupus stabulis. Virg.

⁶ Ἀφθάρτῳ εἶναι συμβέβηκε. Attraction. Nulli licet esse *otioso*.

⁷ Τῷ κενῷ. « Il est ridicule, dit Dacier, d'appeler immortel le vide, qui n'est rien. » Mais d'abord, si le vide n'est rien, il ne saurait ne pas être : que les mondes périssent, et le vide restera toujours. Ensuite, Plutarque cherche précisément un point de comparaison ridicule, pour mieux faire ressortir l'infériorité de ces deux qualités, l'immortalité et la puissance, au prix de la vertu.

δύναμιν δὲ σεισμοὶ καὶ κεραυνοὶ καὶ πνευμάτων ὁρμαὶ καὶ ῥευμάτων ἐπιφοραὶ μεγάλην ἔχουσι· δίκης δὲ καὶ θέμιδος [8] οὐδὲν ὅτι μὴ τῷ φρονεῖν καὶ λογίζεσθαι τὸ θεῖον μεταλαγ- χάνει [9]. Διὸ καὶ τριῶν ὄντων, ἃ πεπόνθασιν [10] οἱ πολλοὶ πρὸς τὸ θεῖον, ζήλου, καὶ φόβου, καὶ τιμῆς, ζηλοῦν μὲν αὐ- τοὺς [11] καὶ μακαρίζειν ἐοίκασι κατὰ τὸ ἄφθαρτον καὶ ἀίδιον, ἐκπλήττεσθαι δὲ καὶ δεδιέναι κατὰ τὸ κύριον καὶ δυνατὸν, ἀγαπᾶν δὲ καὶ τιμᾶν καὶ σέβεσθαι κατὰ τὴν δικαιοσύνην. Ἀλλὰ, καίπερ οὕτω διακείμενοι, τῆς μὲν ἀθανασίας, ἣν ἡ φύσις ἡμῶν οὐ δέχεται, καὶ τῆς δυνάμεως, ἧς ἐν τῇ τύχῃ κεῖται τὸ πλεῖστον, ἐπιθυμοῦσι· τὴν δ' ἀρετὴν, ὃ μόνον ἐστὶ τῶν θείων ἀγαθῶν ἐφ' ἡμῖν, ἐν ὑστέρῳ τίθενται, κακῶς φρο- νοῦντες· ὡς [12] τὸν ἐν δυνάμει καὶ τύχῃ μεγάλῃ καὶ ἀρχῇ βίον ἡ μὲν δικαιοσύνη ποιεῖ θεῖον, ἡ δ' ἀδικία θηριώδη.

CHAPITRE VII.

Ce surnom lui attire l'envie. Il est banni par l'ostracisme. Définition de cette peine. Anecdote du paysan.

Τῷ δ' οὖν Ἀριστείδῃ συνέϐη, τὸ πρῶτον ἀγαπωμένῳ διὰ

---

[8] Δίκης, la justice appliquée dans les faits ; θέμιδος, le droit, la justice considérée d'une manière abstraite. Ainsi, en latin, on dis- tingue *jus* et *fas*. *Oratores contra* jus *fasque* **interfecti**. Jus et fas *omne delere. Nihil quod aut per naturam* fas *sit, aut per* leges *liceat.* Cic.

[9] Οὐδὲν, rien. Construisez : Οὐδὲν *μεταλαγχάνει* δίκης καὶ θέμι- δος ὅτι μὴ τὸ θεῖον τῷ φρονεῖν καὶ λογίζεσθαι. La version οὐδένι, imaginée par Reiske, est un contre-sens qui en a causé beaucoup d'autres. La suite des idées est très-claire. Des trois attributs de la divinité, l'immortalité et la puissance lui sont communs avec d'autres objets : la vertu seule et la justice lui appartiennent en propre. La plupart des manuscrits et les anciennes éditions donnent οὐδὲν. Ceux qui expliquent : τὸ θεῖον *μεταλαγχάνει* τῆς δίκης οὐδένι, κ. τ. λ., oublient que *μεταλαγχάνω* a le sens neutre : *obtenir une part, par- ticiper*, et non *donner une part, faire participer*.

tourbillons, des vents, des débordements des eaux : le droit
et la justice sont le partage exclusif de la sagesse et de la
raison divine. Aussi, des trois sentiments qu'inspire aux
hommes la divinité, admiration, crainte et respect, l'admiration, l'idée qu'ils se font de sa béatitude viennent de
sa nature incorruptible et éternelle; leur crainte et leur
terreur, de sa souveraineté et de sa puissance; leur amour,
leur respect et leur adoration, de sa justice. Cependant,
malgré cette disposition, c'est l'immortalité, dont notre
nature n'est pas susceptible, et la puissance, qui dépend
le plus souvent de la fortune, qui excitent leur envie;
quant à la vertu, le seul des biens divins qui soit à notre
portée, ils la mettent au dernier rang; erreur grossière :
car l'homme au faîte de la puissance, de la fortune et de
l'autorité, ne ressemble à Dieu que par la justice; l'injustice l'égale aux bêtes.

CHAPITRE VII.

Ce surnom lui attire l'envie. Il est banni par l'ostracisme. Définition
de cette peine. Anecdote du paysan.

Le surnom d'Aristide lui attira d'abord l'affection, puis

---

[10] Πεπόνθασιν. *Ont éprouvé* de tout temps, et *éprouvent* toujours.
Le parfait marque un fait qui existe encore. — Πάσχω, éprouver,
ressentir telle ou telle impression. Τί παθὼν τοῦτο ἐποίησας; Quel
sentiment vous a déterminé à agir ainsi? — Πάθος, *affectus*, en
général.

[11] Αὐτοὺς, par syllepse, se rapporte à l'idée de θεούς contenue
dans θεῖον.

> Entre *le pauvre* et vous, vous prendrez Dieu pour juge,
> Vous souvenant, mon fils, que caché sous ce lin,
> Comme *eux* vous fûtes pauvre et comme eux orphelin.
> (Racine.)

Cf. ch. xxiii, n. 6 et ch. i, n. 33; vi, n. 11; i, n. 11.
[12] Ὡς, car.

τὴν ἐπωνυμίαν, ὕστερον φθονεῖσθαι, μάλιστα μὲν τοῦ Θεμιστοκλέους λόγον εἰς τοὺς πολλοὺς ἐμβαλόντος ὡς Ἀριστείδης, ἀνῃρηκὼς τὰ δικαστήρια τῷ κρίνειν ἅπαντα καὶ δικάζειν [1], λέληθε μοναρχίαν ἀδορυφόρητον ἑαυτῷ κατεσκευα-
σμένος. Ἤδη δέ που καὶ ὁ δῆμος, ἐπὶ τῇ νίκῃ [2] μέγα φρονῶν,
καὶ τῶν μεγίστων ἀξιῶν αὐτὸν, ἤχθετο τοῖς ὄνομα καὶ
δόξαν ὑπὲρ τοὺς πολλοὺς ἔχουσι. Καὶ συνελθόντες εἰς [3]
ἄστυ πανταχόθεν ἐξοστρακίζουσι τὸν Ἀριστείδην, ὄνομα τῷ
φθόνῳ τῆς δόξης φόβον τυραννίδος θέμενοι. Μοχθηρίας γὰρ
οὐκ ἦν κόλασις ὁ ἐξοστρακισμός· ἀλλ' ἐκαλεῖτο μὲν δι' εὐ-
πρέπειαν ὄγκου καὶ δυνάμεως βαρυτέρας ταπείνωσις καὶ
κόλασις [4]· ἦν δὲ φθόνου παραμυθία φιλάνθρωπος, εἰς ἀνή-
κεστον οὐδὲν ἀλλ' εἰς μετάστασιν ἐτῶν δέκα τὴν πρὸς τὸ
λυποῦν ἀπερειδομένου δυσμένειαν. Ἐπεὶ δ' ἤρξαντό τινες
ἀνθρώπους ἀγενεῖς καὶ πονηροὺς ὑποβάλλειν τῷ πράγματι,
τελευταῖον ἁπάντων Ὑπέρβολον ἐξοστρακίσαντες, ἐπαύσαντο. Λέγεται δὲ τὸν Ὑπέρβολον [5] ἐξοστρακισθῆναι διὰ
τοιαύτην αἰτίαν. Ἀλκιβιάδης καὶ Νικίας, μέγιστον ἐν τῇ
πόλει δυνάμενοι, διεστασίαζον. Ὡς οὖν ὁ δῆμος ἔμελλεν
ἐκφέρειν τὸ ὄστρακον, καὶ δῆλος ἦν [6] τὸν ἕτερον γράφων [7],
διαλεχθέντες ἀλλήλοις καὶ τὰς στάσεις ἑκατέρας εἰς ταὐτὸ

XII. — [1] Κρίνειν, connaître d'une affaire, l'examiner ; δικάζειν,
prononcer, prendre une décision. Ainsi, dans Cicéron : *Consulibus
lege permissum erat, ut de Cæsaris actis cognoscerent, statuerent,
judicarent.*

[2] Τῇ νίκῃ. La victoire récente remportée sur les Perses à Marathon.

[3] Συνελθόντες, se rapporte, par syllepse, à l'idée de pluralité contenue dans δῆμος. Cf. ch. ι, n. 11; ch. vι, n. 11; ch. xxιιι, et
ch. xxvιι, à la fin.

[4] Plutarque répète cette définition un peu subtile de l'ostracisme
dans la *Vie de Thémistocle*, ch. xxιι.

[5] Ὑπέρβολον. « Hyperbolus, méchant homme, chassé de sa patrie

ensuite la haine; surtout quand Thémistocle eut répandu
dans le peuple le bruit qu'Aristide avait aboli les tri-
bunaux, en s'arrogeant la connaissance et la décision de
toutes les affaires, et qu'il s'acheminait ainsi à l'insu
de tous, sans satellites, à la monarchie. Déjà le peuple,
enorgueilli de sa victoire, et se croyant digne des plus
grandes prérogatives, haïssait ceux que leur renom et leur
gloire élevaient au-dessus du vulgaire. Ils se rassemblèrent
de toutes parts dans la ville, et condamnèrent Aristide à
l'ostracisme, couvrant ainsi du nom de haine pour la tyran-
nie l'envie soulevée par sa gloire. L'ostracisme, en effet,
n'était pas la répression de la perversité; on l'appelait, pour
le voiler d'un nom spécieux, affaiblissement, répression
d'une grandeur et d'une puissance dangereuses. C'était
une consolation mitigée accordée à l'envie, qui, sans recourir à des rigueurs irremédiables, pouvait satisfaire sa
haine, en éloignant pour dix ans l'objet de sa colère. Mais
quand on se fut mis à frapper de cette peine des gens
obscurs et pervers, et qu'on eut fini par appliquer l'ostracisme à Hyperbolus, on s'en tint là. Voici, dit-on, la cause
du bannissement d'Hyperbolus. Alcibiade et Nicias, les
citoyens les plus puissants dans la ville, la divisaient par
leurs factions. Le peuple allait recourir à l'ostracisme, et il
était évident que l'un des deux serait proscrit, lorsqu'ils se

---

par l'ostracisme, non qu'il pût exciter aucune crainte par son
crédit ou sa dignité, mais à cause de sa basse méchanceté, et parce
qu'il faisait honte à la république. » (Thucyd., liv. VIII, ch. 73.)

6 Δῆλος ἦν. Avec les locutions δῆλος, φανερὸς εἰμι, φαίνομαι, c'est
le nom de la personne qui est sujet. Au lieu de : *Il était évident que
le peuple allait inscrire l'un des deux*, le grec dit : *Le peuple était
évident devant inscrire.* — On voyait Socrate offrir des sacrifices :
Σωκράτης φανερὸς ἦν θύων.

7 Τὸν ἕτερον γράψειν. Inscrire sur la coquille le nom de l'un des
deux.

συναγαγόντες, τὸν Ὑπέρβολον ἐξοστρακισθῆναι παρεσκεύα-
σαν. Ἐκ δὲ τούτου δυσχεράνας ὁ δῆμος ὡς καθυβρισμένον
τὸ πρᾶγμα καὶ προπεπηλακισμένον ἀφῆκε παντελῶς καὶ
κατέλυσεν. Ἦν δὲ τοιοῦτον, ὡς τύπῳ [8] φράσαι, τὸ γινόμενον. Ὄστρακον λαβὼν ἕκαστος καὶ γράψας ὃν ἐβούλετο
μεταστῆσαι τῶν πολιτῶν, ἔφερεν εἰς ἕνα τόπον τῆς ἀγορᾶς
περιπεφραγμένον ἐν κύκλῳ δρυφάκτοις. Οἱ δ' ἄρχοντες
πρῶτον μὲν διηρίθμουν τὸ σύμπαν ἐν ταὐτῷ τῶν ὀστράκων
πλῆθος· εἰ γὰρ ἑξακισχιλίων ἐλάττονες οἱ γράψαντες εἶεν,
ἀτελὴς ἦν ὁ ἐξοστρακισμός. Ἔπειτα τῶν ὀνομάτων ἕκαστον
ἰδίᾳ θέντες, τὸν ὑπὸ τῶν πλείστων γεγραμμένον ἐξεκήρυττον
εἰς ἔτη δέκα, καρπούμενον τὰ αὑτοῦ [9]. Γραφομένων οὖν τότε
τῶν ὀστράκων, λέγεταί τινα τῶν ἀγραμμάτων καὶ παντελῶς ἀγροίκων, ἀναδόντα τῷ Ἀριστείδῃ τὸ ὄστρακον, ὡς
ἑνὶ τῶν τυχόντων, παρακαλεῖν ὅπως Ἀριστείδην ἐγγράψῃ.
Τοῦ δὲ θαυμάσαντος, καὶ πυθομένου μή τι κακὸν αὐτῷ
Ἀριστείδης πεποίηκεν· « Οὐδὲν, εἶπεν, οὐδὲ γινώσκω τὸν
ἄνθρωπον, ἀλλ' ἐνοχλοῦμαι πανταχοῦ τὸν Δίκαιον ἀκούων. »
Ταῦτ' ἀκούσαντα τὸν Ἀριστείδην ἀποκρίνασθαι [10] μὲν οὐδέν,
ἐγγράψαι δὲ τοὔνομα τῷ ὀστράκῳ, καὶ ἀποδοῦναι. Τῆς δὲ
πόλεως ἀπαλλαττόμενος ἤδη, τὰς χεῖρας ἀνατείνας εἰς τὸν
οὐρανὸν, ηὔξατο τὴν ἐναντίαν, ὡς ἔοικεν, εὐχὴν [11] τῷ
Ἀχιλλεῖ [12], μηδένα καιρὸν Ἀθηναίους καταλαβεῖν, ὃς ἀναγ-
κάσει τὸν δῆμον Ἀριστείδου μνησθῆναι.

---

[8] Τύπῳ. Litt. : *esquisse, ébauche.*
[9] Καρπούμενον. L'ostracisme n'entraînait pas la confiscation des
biens. Voy. Bœckh, *Econ. polit. des Ath.*, liv. III, ch. xiv, t. II,
p. 151.
[10] Ἀποκρίνασθαι. L'infinitif dépend de λέγεται.
[11] Ηὔξατο εὐχήν. Figure étymologique. Voy. ch. v, n. 20.

concertèrent, et, coalisant les deux partis, décidèrent le bannissement d'Hyperbolus. Dès lors le peuple, mécontent de voir cette institution avilie et souillée, y renonça complétement et l'abolit. Voici à peu près, pour en donner une idée, comment on procédait. Chacun prenait une coquille, y inscrivait celui des citoyens qu'il voulait bannir, et la portait dans un endroit de la place publique, fermé par une cloison circulaire. Les magistrats commençaient par compter le nombre total des coquilles ainsi réunies : car s'il y avait moins de six mille suffrages, l'ostracisme n'était pas prononcé. Ensuite, on mettait à part chacun des noms, et celui qui se trouvait inscrit par le plus grand nombre était banni pour dix ans, en conservant la jouissance de ses biens. Le jour où l'on votait l'ostracisme d'Aristide, un de ces rustres de la dernière ignorance vint, dit-on, présenter sa coquille à Aristide, qu'il prenait pour un des premiers venus, et le pria d'y inscrire le nom d'Aristide. Celui-ci, tout étonné, lui demanda si Aristide lui avait fait quelque mal : « Aucun, répondit-il, je ne connais pas même l'homme, mais je suis fatigué de l'entendre partout appeler le juste. » A ces mots, Aristide, sans répondre, inscrivit son nom sur la coquille et la lui rendit. En sortant de la ville, il leva les mains au ciel, et fit, à ce qu'il paraît, une prière tout opposée à celle d'Achille ; il souhaita qu'aucune circonstance ne vînt forcer le peuple à se souvenir d'Aristide.

---

[12] Ἀχιλλεῖ. Achille, outragé par Agamemnon, exprime le vœu, avant de se retirer sous sa tente, de voir les Grecs, accablés de revers, regretter son absence. Hom. *Iliade*, 1, v. 239. Camille conjura aussi les dieux de faire naître bientôt une occasion où les Romains sentiraient la perte qu'ils faisaient en lui. — Ἐναντίαν Ἀχιλλεῖ, voy. ch. I, n. 23, et ch. XVI, n. 4.

CHAPITRE VIII.

Menacés par Xerxès, les Athéniens révoquent la loi d'exil. Magnanimité d'Aristide, qui vient offrir à Thémistocle d'oublier leurs différends, et lui révéler les plans des Perses. Lutte de générosité entre
les deux rivaux.

Τρίτῳ δ' ἔτει, Ξέρξου διὰ Θετταλίας καὶ Βοιωτίας
ἐλαύνοντος ἐπὶ τὴν Ἀττικὴν, λύσαντες τὸν νόμον, ἐψηφί-
σαντο τοῖς μεθεστῶσι κάθοδον· μάλιστα φοβούμενοι τὸν
Ἀριστείδην, μὴ προσθέμενος τοῖς πολεμίοις διαφθείρῃ καὶ
μεταστήσῃ πολλοὺς τῶν πολιτῶν πρὸς τὸν βάρβαρον· οὐκ
ὀρθῶς στοχαζόμενοι τοῦ ἀνδρὸς, ὅς γε καὶ πρὸ τοῦ δόγματος
τούτου διετέλει [1] προτρέπων καὶ παροξύνων τοὺς Ἕλληνας
ἐπὶ τὴν ἐλευθερίαν, καὶ μετὰ τὸ δόγμα τοῦτο, Θεμιστοκλέους στρατηγοῦντος αὐτοκράτορος, πάντα συνέπραττε καὶ
συνεβούλευεν, ἐνδοξότατον ἐπὶ σωτηρίᾳ κοινῇ ποιῶν τὸν
ἔχθιστον. Ὡς γὰρ, ἀπολιπεῖν τὴν Σαλαμῖνα βουλευομένων
τῶν περὶ Εὐρυβιάδην [2], αἱ βαρβαρικαὶ τριήρεις, νύκτωρ ἀνα-
χθεῖσαι καὶ περιβαλοῦσαι, τόν τε πόρον ἐν κύκλῳ καὶ τὰς
νήσους κατεῖχον, οὐδενὸς προειδότος τὴν κύκλωσιν, ἧκεν
ὁ Ἀριστείδης ἀπ' Αἰγίνης [3] παραβόλως διὰ τῶν πολεμίων
νεῶν διεκπλεύσας· καὶ νυκτὸς ἐλθὼν ἐπὶ τὴν σκηνὴν τοῦ
Θεμιστοκλέους, καὶ καλέσας αὐτὸν ἔξω μόνον· « Ἡμεῖς,
εἶπεν, ὦ Θεμιστόκλεις, εἰ σωφρονοῦμεν, ἤδη τὴν κενὴν καὶ
μειρακιώδη στάσιν ἀφέντες, ἀρξώμεθα σωτηρίου καὶ καλῆς
φιλονεικίας, πρὸς ἀλλήλους ἁμιλλώμενοι σῶσαι τὴν Ἑλ-

VIII. — [1] Διετέλει προτρέπων. Voy. ch. vi, n. 4.
[2] Τῶν περὶ Εὐριβιάδην. Tournure périphrastique qui équivaut souvent au nom propre tout seul. Οἱ περὶ Ἀλέξανδρον, Alexandre et
ses compagnons, ou Alexandre tout seul. — Eurybiade, l'amiral
spartiate, ne voulait pas livrer la bataille à Salamine. Cf. Plut., *Vie de*

CHAPITRE VIII.

Menacés par Xerxès, les Athéniens révoquent la loi d'exil. Magnanimité d'Aristide, qui vient offrir à Thémistocle d'oublier leurs différends, et lui révéler les plans des Perses. Lutte de générosité entre
les deux rivaux.

Trois ans après, Xerxès traversant la Thessalie et la
Béotie pour se jeter sur l'Attique, les Athéniens aboli-
rent la loi d'exil, et votèrent le retour des bannis. Leur
plus grande crainte était de voir Aristide, se joignant aux
ennemis, corrompre et faire passer un grand nombre de
citoyens du côté des barbares : préventions mal fondées à
l'égard d'un tel homme, car, avant ce décret, il ne cessa
d'exhorter et d'exciter les Grecs à la défense de la liberté,
et, après ce décret, quand Thémistocle était généralissime,
il le seconda de ses actes et de ses conseils, rehaussant, pour
le salut commun, la gloire de son plus grand ennemi. Ainsi
lorsque Eurybiade se proposait d'abandonner Salamine, les
vaisseaux barbares vinrent pendant la nuit cerner les passages et entourer les îles comme d'un cercle ; personne ne
s'était aperçu qu'on était enveloppé ; Aristide alors partit
d'Égine et traversa périlleusement la flotte ennemie. Il se
rendit pendant la nuit à la tente de Thémistocle, et, l'appe-
lant seul au dehors : « Thémistocle, lui dit-il, si nous sommes
sensés, nous laisserons désormais nos vains et puérils dissentiments, pour engager une lutte glorieuse et salutaire, en
rivalisant ensemble à qui sauvera la Grèce, toi en commandant comme général, moi en te servant par mes actes et

---

Thémist., ch. xi, p. 24 de l'édit. Dezobry, la fameuse réponse :
« Πάταξον μὲν, ἄκουσον δέ. »

³ Αἰγίνην, au sud de Salamine. C'est là qu'Aristide s'était retiré
en exil.

λάδα, σὺ μὲν ἄρχων καὶ στρατηγῶν, ἐγὼ δ' ὑπουργῶν καὶ
συμβουλεύων. Ἐπεὶ καὶ νῦν σε πυνθάνομαι μόνον ἅπτεσθαι
τῶν ἀρίστων λογισμῶν, κελεύοντα [4] διαναυμαχεῖν ἐν τοῖς
στενοῖς τὴν ταχίστην· καί σοι τῶν συμμάχων ἀντιπραττόν-
των, οἱ πολέμιοι συνεργεῖν ἐοίκασι. Τὸ γὰρ ἐν κύκλῳ καὶ
κατόπιν ἤδη πέλαγος ἐμπέπλησται νεῶν πολεμίων, ὥστε
καὶ τοὺς μὴ θέλοντας ἀνάγκη κατείληφεν ἀγαθοὺς ἄνδρας
εἶναι καὶ μάχεσθαι· φυγῆς γὰρ ὁδὸς οὐ λέλειπται. » Πρὸς
ταῦτα ὁ Θεμιστοκλῆς εἶπεν· « Οὐκ ἂν ἐβουλόμην, ὦ Ἀριστείδη, σὲ κατὰ τοῦτό μου κρείττονα γενέσθαι, πειράσομαι
δὲ πρὸς καλὴν ἀρχὴν ἁμιλλώμενος ὑπερβαλέσθαι τοῖς
ἔργοις. » Ἅμα δ' αὐτῷ φράσας τὴν ὑφ' ἑαυτοῦ κατασκευα-
σθεῖσαν ἀπάτην [5] πρὸς τὸν βάρβαρον, παρεκάλει πείθειν τὸν
Εὐρυβιάδην, καὶ διδάσκειν ὡς ἀμήχανόν ἐστι [6] σωθῆναι μὴ
ναυμαχήσαντας· εἶχε [7] γὰρ αὐτοῦ μᾶλλον πίστιν. Ὅθεν, ἐν
τῷ συλλόγῳ τῶν στρατηγῶν, εἰπόντος Κλεοκρίτου τοῦ Κο-
ρινθίου πρὸς τὸν Θεμιστοκλέα, μηδ' [8] Ἀριστείδῃ τὴν γνώμην
ἀρέσκειν αὐτοῦ, παρόντα γὰρ σιωπᾶν [9]· ἀντεῖπεν ὁ Ἀριστείδης, ὡς οὐκ ἂν ἐσιώπα, μὴ λέγοντος τὰ ἄριστα τοῦ Θεμι-
στοκλέους· νῦν δ' ἡσυχίαν ἄγειν, οὐ δι' εὔνοιαν τοῦ ἀνδρὸς,
ἀλλὰ τὴν γνώμην ἐπαινῶν.

---

[4] Κελεύοντα. Conseillant, comme *jubere* en latin : **Praecipitare**
jubent *pelago suspecta dona.* Virg.

[5] Ἀπάτην. Craignant que les autres généraux ne revinssent de
leur premier dessein d'abandonner Salamine, Thémistocle avait envoyé à Xerxès un secret message pour l'avertir de leurs dispositions. C'est alors que le roi de Perse s'était empressé de couper la
retraite en cernant les îles.

par mes conseils. Aujourd'hui même, je le sais, seul tu soutiens le parti de la raison en voulant livrer sans retard le combat naval dans le détroit, et, quand nos alliés te combattent, les ennemis semblent te seconder. Déjà, autour de nous, derrière nous, la mer est couverte de vaisseaux ennemis ; ainsi, qu'on le veuille ou non, il faut se conduire en braves et combattre : car il ne reste plus de chemin pour la fuite. — Aristide, répondit Thémistocle, je n'ai garde de rester au-dessous de toi dans cette circonstance, je tâcherai dans cette lutte de générosité dont tu me donnes l'exemple, de te surpasser par mes actions. » En même temps, il lui expose le stratagème qu'il a préparé contre les barbares, et l'invite à convaincre Eurybiade et à lui faire comprendre qu'il ne reste de salut que dans un combat naval : c'était en lui, en effet, qu'Eurybiade avait le plus de confiance. Aussi, dans le conseil des généraux, Cléocritus de Corinthe ayant dit à Thémistocle qu'Aristide non plus n'approuvait pas son avis, puisque, présent, il gardait le silence, Aristide répondit qu'il ne se tairait pas, si Thémistocle n'avait proposé le meilleur parti : son abstention n'était pas une preuve d'affection pour sa personne, mais d'assentiment à son dessein.

---

⁶ Ἔστι. En grec, on met l'indicatif au lieu de l'imparfait, comme si c'était le style direct. Il lui demanda qui *il était* : ἠρώτησε τίς ἐστι. Voy. ch. x, n. 7, un autre exemple.

⁷ Εἶχε, suj. le barbare. — Αὐτοῦ, Aristide.

⁸ Μηδέ, non plus.

⁹ Σιωπᾶν. Dans le style indirect, les propositions incidentes ou subordonnées elles-mêmes prennent le verbe à l'infinitif.

CHAPITRE IX.

Succès d'Aristide dans une descente à Psyttalie. Sacrifice humain.
Après la défaite des Perses, Aristide conseille de ne pas leur couper la retraite, mais de chercher, au contraire, à les éloigner de la Grèce.

Οἱ μὲν οὖν ναύαρχοι τῶν Ἑλλήνων ταῦτ' ἔπραττον. Ἀριστείδης δ' ὁρῶν τὴν Ψυττάλειαν, ἣ πρὸ τῆς Σαλαμῖνος ἐν τῷ πόρῳ κεῖται νῆσος οὐ μεγάλη, πολεμίων ἀνδρῶν μεστὴν οὖσαν, ἐμβιβάσας εἰς ὑπηρετικὰ τοὺς προθυμοτάτους καὶ μαχιμωτάτους τῶν ὁπλιτῶν, προσέμιξε τῇ Ψυτταλείᾳ· καὶ μάχην πρὸς βαρβάρους συνάψας ἀπέκτεινε πάντας, πλὴν ὅσοι τῶν ἐπιφανῶν ζῶντες ἥλωσαν. Ἐν δὲ τούτοις ἦσαν ἀδελφῆς βασιλέως ὄνομα Σανδαύκης τρεῖς παῖδες, οὓς εὐθὺς ἀπέστειλε πρὸς τὸν Θεμιστοκλέα· καὶ λέγονται κατά τι λόγιον, τοῦ μάντεως Εὐφραντίδου κελεύσαντος, Ὠμηστῇ Διονύσῳ[1] καθιερωθῆναι. Τὴν δὲ νησῖδα τοῖς ὁπλίταις πανταχόθεν ὁ Ἀριστείδης περιστέψας ἐφήδρευε τοῖς ἐκφερομένοις πρὸς αὐτήν, ὡς μήτε τῶν φίλων τινὰ διαφθαρῆναι, μήτε τῶν πολεμίων διαφυγεῖν. Ὁ γὰρ πλεῖστος ὠθισμὸς τῶν νεῶν καὶ τῆς μάχης τὸ καρτερώτατον ἔοικε περὶ τὸν τόπον ἐκεῖνον γενέσθαι· διὸ καὶ τρόπαιον ἕστηκεν ἐν τῇ Ψυτταλείᾳ. Μετὰ δὲ τὴν μάχην ὁ Θεμιστοκλῆς, ἀποπειρώμενος[2] τοῦ Ἀριστείδου, καλὸν μὲν εἶναι τὸ πεπραγμένον αὐτοῖς ἔργον ἔλεγε, κρεῖττον δὲ λείπεσθαι, τὸ λαβεῖν ἐν Εὐρώπῃ τὴν Ἀσίαν, ἀναπλεύσαντας εἰς Ἑλλήσποντον τὴν ταχίστην[3] καὶ τὸ ζεῦγμα[4] διακόψαντας.

IX. — [1] Ὠμηστῇ. Ὦμος, cruel. Voy. *Vie de Thémistocle*, ch. XIII, le récit de ce sacrifice, que Plutarque ne rapporte qu'en en laissant la responsabilité à Phanias de Lesbos.

CHAPITRE IX.

Succès d'Aristide dans une descente à Psyttalie. Sacrifice humain.
Après la défaite des Perses, Aristide conseille de ne pas leur couper la retraite, mais de chercher, au contraire, à les éloigner de
la Grèce.

Voilà ce que faisaient les navarques des Grecs. Cependant Aristide voyant Psyttalie, petite île située dans le
détroit en face de Salamine, pleine de soldats ennemis,
fait embarquer sur des bateaux légers les plus vaillants et
les plus aguerris de ses hoplites, et opère une descente à
Psyttalie. Il livre combat aux barbares, et les massacre
tous, excepté les principaux qui eurent la vie sauve et qui
furent faits prisonniers. Parmi eux se trouvaient trois fils
d'une sœur du grand roi, nommée Sandaucé. Aristide les
envoya aussitôt à Thémistocle, et ils furent, dit-on, en vertu
d'un oracle, sur l'ordre du devin Euphrantidas, sacrifiés à
Bacchus Omestès. Aristide posta des hoplites tout autour de
la petite île, pour observer ceux qui y seraient poussés, de
manière à ne laisser périr aucun ami, ni échapper aucun
ennemi. Car ce fut, à ce qu'il paraît, de ce côté qu'eut lieu
surtout le choc des vaisseaux et le plus fort de la bataille :
aussi un trophée fut-il élevé à Psyttalie. Après le combat,
Thémistocle, pour éprouver Aristide, lui dit que glorieuse
sans doute était l'œuvre qu'ils venaient d'accomplir, mais
qu'il leur en restait une plus importante, c'était de prendre
l'Asie dans l'Europe, en naviguant au plus vite vers l'Hel-

---

2 Ἀποπειρώμενος. Pour éprouver, pour sonder les dispositions
d'Aristide. Tentare *hominem, quo animo ferat aliquid*. Cic.

3 Τὴν ταχίστην (ὁδόν), τὴν πρώτην (ἀρχήν). Accusatifs employés
adverbialement, aussi bien que les datifs, ἦ, ταύτῃ, etc.

4 Ζεῦγμα. Ζεύγνυμι, *jungere*, joindre les deux rives par un pont.
Ξέρξης τὸν μὲν Ἑλλήσποντον ζεύξας. Isocr., *Panégyr.*, ch. xxv.

Ἐπεὶ δ' Ἀριστείδης ἀνακραγὼν τοῦτον μὲν ἐκέλευε[5] τὸν
λόγον[6] καταβαλεῖν, σκοπεῖν δὲ καὶ ζητεῖν ὅπως τὴν ταχίστην ἐκβάλωσι τὸν Μῆδον ἐκ τῆς Ἑλλάδος, μὴ κατα-
κλεισθεὶς ἀπορίᾳ φυγῆς μετὰ τοσαύτης δυνάμεως τραπῇ
πρὸς ἄμυναν ὑπ' ἀνάγκης, οὕτω[7] πέμπει πάλιν Ἀρνάκην
εὐνοῦχον ὁ Θεμιστοκλῆς ἐκ τῶν αἰχμαλώτων, κρύφα φράσαι
τῷ βασιλεῖ κελεύσας, ὅτι πλεῖν ἐπὶ τὰς γεφύρας ὡρμημέ-
νους τοὺς Ἕλληνας αὐτὸς ἀποστρέψειε, σώζεσθαι βασιλέα
βουλόμενος.

CHAPITRE X.

Propositions de Mardonius aux Athéniens. Secours offerts par les
Spartiates. Noble réponse d'Aristide. Seconde invasion de Mardo-
nius. Aristide va à Lacédémone pour presser l'envoi des troupes.
Les Éphores les font partir pendant la nuit à l'insu d'Aristide.

Ἐκ τούτου Ξέρξης μὲν περίφοβος γενόμενος εὐθὺς ἐπὶ
τὸν Ἑλλήσποντον ἠπείγετο· Μαρδόνιος δὲ, τοῦ στρατοῦ τὸ
μαχιμώτατον ἔχων περὶ[1] τριάκοντα μυριάδας, ὑπελείπετο,
καὶ φοβερὸς ἦν, ἀπ' ἰσχυρᾶς τῆς περὶ τὸ πεζὸν ἐλπίδος
ἀπειλῶν τοῖς Ἕλλησι, καὶ γράφων τοιαῦτα· « Νενικήκατε
θαλασσίοις ξύλοις[2] χερσαίους ἀνθρώπους οὐκ ἐπισταμένους
κώπην ἐλαύνειν· ἀλλὰ νῦν πλατεῖα μὲν ἡ Θετταλῶν γῆ,
καλὸν δὲ τὸ Βοιώτιον πεδίον ἀγαθοῖς ἱππεῦσι καὶ ὁπλίταις
ἐναγωνίσασθαι. » Πρὸς δ' Ἀθηναίους ἔπεμψεν ἰδίᾳ γράμματα καὶ λόγους παρὰ βασιλέως, τήν τε πόλιν αὐτοῖς
ἀναστήσειν ἐπαγγελλομένου, καὶ χρήματα πολλὰ δώσειν, καὶ
τῶν Ἑλλήνων κυρίους καταστήσειν, ἐκποδὼν τοῦ πολέμου

---

[5] Ἐκέλευε. Voy. ch. VIII, n. 4. — Cf. *Vie de Thémist.*, ch. XVI :
« Il faudrait plutôt, dit Aristide, construire un autre point pour que
Xerxès s'en aille plus vite. »

lespont pour couper le pont. Aristide se récria : il fallait, disait-il, rejeter ce dessein, et examiner, chercher, au contraire, le moyen de chasser au plus tôt le Mède de la Grèce; enfermé, l'impossibilité de fuir le forcerait, avec une si puissante armée, à se tourner vers la défense. Alors Thémistocle envoya de nouveau l'eunuque Arnacès, un des prisonniers, avec mission de dire secrètement au roi que les Grecs voulaient partir pour rompre le pont, mais qu'il les en avait détournés, parce qu'il voulait le sauver.

CHAPITRE X.

Propositions de Mardonius aux Athéniens. Secours offerts par les Spartiates. Noble réponse d'Aristide. Seconde invasion de Mardonius. Aristide va à Lacédémone pour presser l'envoi des troupes. Les Éphores les font partir pendant la nuit à l'insu d'Aristide.

A cette nouvelle, Xerxès, rempli de frayeur, se hâta de reprendre le chemin de l'Hellespont; Mardonius, avec les meilleures troupes de l'armée, au nombre d'environ trois cent mille, fut laissé en Grèce, et s'y faisait craindre ; confiant en la force de son infanterie, il menaçait les Grecs, et leur écrivait en ces termes : « Vous avez vaincu, sur mer, avec vos bois flottants, des peuples du continent, inhabiles à manier la rame. Mais à présent nous avons les vastes campagnes de la Thessalie et les plaines de la Béotie, où de bons cavaliers et de bons hoplites peuvent combattre avantageusement. Il adressa aux Athéniens en particulier des lettres et des propositions de la part du roi, qui promettait de relever leur ville, de leur donner des sommes considérables et de leur assurer la domination sur les Grecs,

---

⁶ Λόγον, *rationem*, et non *sermonem*.
⁷ Οὕτω, *alors, donc*, les choses étant ainsi.
X. — ¹ Περὶ, *circa, vers les* 300,000; *environ*.
² Ξύλοις, terme de mépris.

γενομένους. Οἱ δὲ Λακεδαιμόνιοι πυθόμενοι ταῦτα καὶ δεί-
σαντες ἔπεμψαν Ἀθήναζε πρέσβεις[3], δεόμενοι τῶν Ἀθηναίων ὅπως παῖδας μὲν καὶ γυναῖκας εἰς Σπάρτην ἀποστεί-
λωσι, τοῖς δὲ πρεσβυτέροις τροφὰς παρ' αὐτῶν λαμβάνωσιν·
ἰσχυρὰ γὰρ ἦν ἀπορία περὶ τὸν δῆμον ἀπολωλεκότα τὴν
χώραν καὶ τὴν πόλιν. Οὐ μὴν ἀλλὰ[4] τῶν πρέσβεων ἀκούσαντες, Ἀριστείδου ψήφισμα γράψαντος[5], ἀπεκρίναντο θαυ-
μαστὴν ἀπόκρισιν[6]· τοῖς μὲν πολεμίοις συγγνώμην ἔχειν
φάσκοντες, εἰ πάντα πλούτου καὶ χρημάτων ὤνια νομίζοιεν,
ὧν κρεῖττον οὐδὲν ἴσασιν· ὀργίζεσθαι δὲ Λακεδαιμονίοις,
ὅτι τὴν πενίαν καὶ τὴν ἀπορίαν τὴν νῦν παροῦσαν Ἀθηναίοις μόνον ὁρῶσι, τῆς δ' ἀρετῆς καὶ τῆς φιλοτιμίας ἀμνη-
μονοῦσιν, ἐπὶ σιτίοις ὑπὲρ τῆς Ἑλλάδος ἀγωνίζεσθαι πα-
ρακαλοῦντες. Ταῦτα γράψας Ἀριστείδης, καὶ τοὺς πρέσβεις
εἰς τὴν ἐκκλησίαν παραγαγὼν, Λακεδαιμονίοις μὲν ἐκέλευε
φράζειν, ὡς οὐκ ἔστι[7] χρυσοῦ τοσοῦτον πλῆθος οὔθ' ὑπὲρ
γῆν οὔτε ὑπὸ γῆν, ὅσον Ἀθηναῖοι δέξαιντο ἂν πρὸ τῆς
τῶν Ἑλλήνων ἐλευθερίας. Τοῖς δὲ παρὰ Μαρδονίου τὸν
ἥλιον δείξας· « Ἄχρις ἂν οὗτος, ἔφη, ταύτην πορεύηται
τὴν πορείαν[8], Ἀθηναῖοι πολεμήσουσι Πέρσαις ὑπὲρ τῆς δε-
δηωμένης χώρας, καὶ τῶν ἠσεβημένων καὶ κατακεκαυμένων
ἱερῶν. » Ἔτι δ' ἀρὰς θέσθαι[9] τοὺς ἱερεῖς ἔγραψεν, εἴ τις
ἐπικηρυκεύσαιτο[10] Μήδοις, ἢ τὴν συμμαχίαν ἀπολίποι τῶν
Ἑλλήνων. Ἐμβαλόντος[11] δὲ Μαρδονίου τὸ δεύτερον εἰς τὴν
Ἀττικὴν, αὖθις εἰς Σαλαμῖνα διεπέρασαν[12]. Ἀριστείδης δὲ,

---

[3] Πρέσβεις. Voy. leurs discours, Hérod., liv. VIII, ch. cxlii.
[4] Οὐ μὴν ἀλλὰ, cependant : οὐ μὴν (ἐπείσθησαν), ἀλλά κ. τ. λ.
[5] Γράφειν, déjà vii, ch. iii, n. 8.
[6] Ἀπεκρίναντο ἀπόκρισιν. Voy. ch. v, n. 20.
[7] Οὐκ ἔστι. Voy. ch. viii, n. 6.
[8] Πορεύηται πορείαν. Voy. ch. v, n. 20.

s'ils se retiraient de la guerre. Les Lacédémoniens, instruits de ces démarches, eurent peur ; ils envoyèrent des députés à Athènes, pour engager les Athéniens à faire passer leurs enfants et leurs femmes à Sparte et à accepter d'eux des vivres pour les vieillards ; car une grande détresse régnait dans le peuple, dépouillé de son territoire et de sa ville. Cependant, après avoir entendu les députés, ils firent, sur la proposition d'Aristide, cette admirable réponse : « Ils excusent, disent-ils, leurs ennemis, de croire que la richesse et l'argent peuvent tout payer ; mais ils sont fâchés de voir les Lacédémoniens ne considérer que la pauvreté et la détresse présentes des Athéniens, oublier leur valeur et leur magnanimité, et les engager par l'appât de quelques vivres à combattre pour la Grèce. Après ce décret, Aristide introduit les députés dans l'assemblée et les charge de dire aux Lacédémoniens qu'il n'y a point de quantité d'or, ni sur terre ni sous terre, qui vaille pour les Athéniens la liberté de la Grèce. Quant aux envoyés de Mardonius, il leur montre le soleil : « Tant que cet astre, leur dit-il, suivra cette route, les Athéniens feront la guerre aux Perses pour venger le ravage de leur pays, la profanation et l'incendie de leurs temples. » Il fit décréter en outre que les prêtres prononceraient des imprécations contre quiconque négocierait avec les Mèdes, ou abandonnerait l'alliance des Grecs. Mardonius ayant pour la seconde fois envahi l'Attique, les Athéniens passèrent de nouveau à Salamine. Aristide fut envoyé à

---

9 'Ἀρὰς θέσθαι. Cf. Isocr., *Panégyr.*, ch. 42 : ἐν τοῖς συλλόγοις ἔτι καὶ νῦν ἄρας ποιοῦνται, πρὶν ἄλλο τι χρηματίζειν.

10 'Ἐπικηρυκεύσαιτο. Ἐπικηρυκεύεσθαι, c'est περὶ φιλίας κήρυκα πέμπειν.

11 'Ἐμβαλόντος, sens neutre, *irrumpere*, faire invasion.

12 Διεπέρασαν. Cf. Diod. de Sic., liv. II. — Barth. *Voy. du J. Anach.* Introd., part. II, sect. II.

πεμφθεὶς εἰς Λακεδαίμονα, τῆς μὲν βραδυτῆτος αὐτοῖς
ἐνεκάλει καὶ τῆς ὀλιγωρίας, προεμένοις αὖθις[15] τῷ βαρβάρῳ
τὰς Ἀθήνας, ἠξίου δὲ πρὸς τὰ ἔτι σωζόμενα τῆς Ἑλλάδος
βοηθεῖν. Ταῦτ' ἀκούσαντες οἱ ἔφοροι μεθ' ἡμέραν μὲν ἐδό-
κουν παίζειν καὶ ῥᾳθυμεῖν ἑορτάζοντες· ἦν γὰρ αὐτοῖς
Ὑακίνθια[14]· νυκτὸς δὲ πεντακισχιλίους Σπαρτιατῶν ἐπι-
λέξαντες, ὧν ἕκαστος ἑπτὰ περὶ αὐτὸν εἵλωτας[15] εἶχεν,
ἐξέπεμψαν, οὐκ εἰδότων τῶν Ἀθηναίων. Ἐπεὶ δὲ πάλιν
ἐγκαλῶν ὁ Ἀριστείδης προσῆλθεν, οἱ δὲ[16] σὺν γέλωτι ληρεῖν
αὐτὸν ἔφασκον καὶ καθεύδειν· ἤδη γὰρ ἐν Ὀρεστείῳ[17] τὸν
στρατὸν εἶναι πορευόμενον ἐπὶ τοὺς ξένους (ξένους γὰρ
ἐκάλουν τοὺς Πέρσας), οὐ κατὰ καιρὸν ἔφη παίζειν αὐτοὺς
ὁ Ἀριστείδης, ἀντὶ τῶν πολεμίων τοὺς φίλους ἐξαπατῶντας.
Ταῦθ' οἱ περὶ τὸν Ἰδομενέα[18] λέγουσιν. Ἐν δὲ τῷ ψη-
φίσματι τοῦ Ἀριστείδου πρεσβευτὴς οὐκ αὐτός, ἀλλὰ Κίμων
καὶ Ξάνθιππος καὶ Μυρωνίδης φέρονται[19].

---

[15] Προεμένοις αὖθις. Lors de la première invasion de l'Attique, les
Lacédémoniens, retardés par les fêtes de la nouvelle lune, n'étaient
arrivés que le lendemain de la bataille de Marathon.

[14] Ὑακίνθια. Fêtes en l'honneur d'Hyacinthe, tué involontaire-
ment par Apollon, pendant qu'il jouait au disque avec ce dieu :

> Discrimen vitæ, ludit dum forte Hyacinthus,
> Incurrit, disco tempora fissa gerens.
>
> (Anthol.)

Voy. sur ces fêtes, Barth., Voy. du J. Anach., ch. 49.

[15] Εἵλωτας. « Les Spartiates menaient les hilotes en campagne ; les
Thessaliens employaient pour la cavalerie leurs serfs, les Pénestes ;
des esclaves combattaient à Marathon et à Chéronée et furent dé-
clarés libres... Au combat des Arginuses la flotte athénienne portait
beaucoup d'esclaves. » Econ. pol. des Ath., liv. II, ch. xxi, t. I,
p. 428.

Lacédémone, pour se plaindre de la lenteur et de la négligence des Spartiates, qui livraient encore Athènes au barbare, et pour les prier de secourir ce qu'on avait pu sauver de la Grèce. Après avoir entendu ces reproches, les éphores, pendant la journée, parurent se livrer aux plaisirs et à l'insouciance de la fête : ils célébraient alors les Hyacinthies ; mais, pendant la nuit, ils choisirent cinq mille Spartiates dont chacun avait avec lui sept hilotes, et les firent partir à l'insu des Athéniens. Lorsque Aristide vint répéter ses plaintes, on lui dit en riant qu'il radote, qu'il rêve ; que l'armée est déjà à Orestium, marchant contre les étrangers (les étrangers, c'était le nom qu'ils donnaient aux Perses). Aristide répond que leurs plaisanteries sont hors de saison, et qu'au lieu des ennemis, ce sont leurs amis qu'ils trompent. Telle est l'assertion d'Idoménée. Mais dans le décret d'Aristide, il n'est pas seul cité comme député, mais Cimon, Xanthippe et Chyronidès.

---

[16] Οἱ δὲ. Δὲ sert ici à insister plus vivement ; il ne correspond pas, comme d'ordinaire, à *autem ;* il a la valeur de *contra.* Cf. Isocr., *Panég.*, ch. xlvii : ἃ δ' αἰσχύνην ἡμῖν φέρει..., ταῦτα δὲ μένει. Les exemples en sont nombreux dans Isocrate. Ch. i : Τοῖς δ' ὑπὲρ τῶν κοινῶν πονήσασι, τούτοις δὲ οὐδεμίαν τιμὴν ἀπένειμαν, et en beaucoup d'autres endroits.

[17] Ὀρεστείῳ. Orestium, ville d'Arcadie, au pied du Ménale : c'est-à-dire, par conséquent, qu'ils avaient passé la frontière, et étaient déjà à moitié chemin.

[18] Οἱ περὶ τὸν Ἰδομενέα. Voy. ch. viii, n. 2.

[19] Cimon, fils de Miltiade. — Xanthippe prit part à la victoire de Mycale, s'empara de Sestos et ravagea la Chersonèse. C'était le père de Périclès. — Myronide s'illustra par ses victoires sur les Thébains et les Lacédémoniens, et s'empara de toutes les villes de la Béotie, excepté Thèbes.

CHAPITRE XI.

Les deux armées à Platées. Oracle embarrassant au sujet de la victoire. Incertitude d'Aristide. L'oracle est expliqué par un songe
et l'accomplissement en est facilité par la générosité des Platéens.

Χειροτονηθεὶς [1] δὲ στρατηγὸς αὐτοκράτωρ ἐπὶ τὴν μάχην,
καὶ τῶν Ἀθηναίων ὀκτακισχιλίους ὁπλίτας ἀναλαβὼν, ἧκεν
εἰς Πλαταιάς [2]. Ἐκεῖ δὲ Παυσανίας, ὁ τοῦ σύμπαντος ἡγούμενος Ἑλληνικοῦ, συνέμιξεν, ἔχων τοὺς Σπαρτιάτας· καὶ
τῶν ἄλλων Ἑλλήνων ἐπέρρει τὸ πλῆθος. Τῶν δὲ βαρβάρων
τὸ μὲν ὅλον τῆς στρατοπεδείας παρὰ τὸν Ἀσωπὸν ποταμὸν
παρεκτεταμένης οὐδεὶς ἦν ὅρος διὰ μέγεθος· περὶ δὲ τὰς
ἀποσκευὰς καὶ τὰ κυριώτατα τεῖχος περιεφράξαντο τετράγωνον, οὗ τῶν πλευρῶν ἑκάστη μῆκος ἦν δέκα σταδίων.
Παυσανίᾳ μὲν οὖν καὶ τοῖς Ἕλλησι κοινῇ Τισαμενὸς ὁ
Ἠλεῖος [3] ἐμαντεύσατο καὶ προεῖπε νίκην, ἀμυνομένοις [4] καὶ
μὴ προεπιχειροῦσιν· Ἀριστείδου δὲ πέμψαντος εἰς Δελφοὺς,
ἀνεῖλεν ὁ θεὸς Ἀθηναίους καθυπερτέρους ἔσεσθαι τῶν ἐναν-
τίων, εὐχομένους τῷ Διῒ, καὶ τῇ Ἥρᾳ τῇ Κιθαιρωνίᾳ, καὶ
Πανὶ, καὶ Νύμφαις Σφραγίτισι· καὶ θύοντας ἥρωσιν, Ἀνδροκράτει [5], Λεύκωνι, Πεισάνδρῳ, Δαμοκράτει, Ὑψίωνι,
Ἀκταίωνι, Πολυΐδῳ· καὶ τὸν κίνδυνον ἐν γᾷ [6] ἰδίᾳ ποιου-
μένους ἐν τῷ πεδίῳ τᾶς Δάματρος τᾶς Ἐλευσινίας καὶ τᾶς
Κόρας. Οὗτος ὁ χρησμὸς ἐπενεχθεὶς ἀπορίαν τῷ Ἀρι-

XI. — [1] Χειροτονηθείς (χεὶρ, main, et τείνω, tendre). Voy. sur les
différentes formes d'élections, à Athènes, ch. ι, n. 31.

[2] Πλαταιάς. Platées, en Béotie, près du Cithéron et des sources
de l'Asopus.

[3] Τισαμενὸς ὁ Ἠλεῖος. Tisamène d'Élée, devin.

[4] Ἀμυνομένοις, s'ils se bornaient à se défendre. De même, plus
bas, εὐχομένους, s'ils faisaient des prières.

CHAPITRE XI.

Les deux armées à Platées. Oracle embarrassant au sujet de la victoire. Incertitude d'Aristide. L'oracle est expliqué par un songe et l'accomplissement en est facilité par la générosité des Platéens.

Élu généralissime pour la bataille, il prit huit mille hoplites Athéniens, et se rendit à Platées. Là, Pausanias, commandant de toutes les forces réunies de la Grèce, se joignit à lui avec les Spartiates. Les autres Grecs affluaient en foule. Quant aux barbares, leur armée, déployée sur les bords de l'Asopus, était si nombreuse, qu'elle ne s'était pas retranchée : autour des bagages et des objets les plus précieux, ils avaient élevé une enceinte carrée, dont chaque côté avait dix stades de longueur. Tisamène d'Élis avait présagé et prédit la victoire à Pausanias et aux Grecs en général, s'ils restaient sur la défensive sans attaquer les premiers. Aristide, de son côté, ayant envoyé à Delphes, le dieu avait répondu que, pour triompher de leurs ennemis, les Athéniens devaient adresser des prières à Jupiter, à Junon Cithéronienne, à Pan et aux Nymphes Sphragitides ; offrir des sacrifices aux héros Androcratès, Leucon, Pisandre, Damocratès, Hypsion, Actéon, Polyidus ; enfin risquer la bataille sur leur territoire propre dans le champ de Cérès Éleusine et de Proserpine. Cet oracle, rapporté à Aristide, le jetait dans l'embarras. Ces

---

⁵ Ἀνδροκράτει, Androcratès (*qui domine les hommes*); Λεύκωνι, Leucon (*le blanc*); Πεισάνδρῳ, Pisandre (*qui persuade les hommes*); Δαμοκράτει, Damocratès (*qui domine le peuple*); Ὑψίωνι, Hypsion (*le sublime*); Ἀκταίωνι, Actéon (*l'homme du rivage*); Πολυΐδῳ, Polyidus (*qui a beaucoup de formes*) : héros mythologiques des Platéens.

⁶ Γᾷ pour γῇ, τᾶς pour τῆς, Δάματρος pour Δήμητρος, Κόρᾳς pour Κόρης, formes doriques, traces du texte même de l'oracle.

στείδη παρεῖχεν. Οἱ μὲν γὰρ ἥρωες, οἷς ἐκέλευε θύειν, ἀρχηγέται Πλαταιέων ἦσαν, καὶ τὸ τῶν Σφραγιτίδων Νυμφῶν ἄντρον ἐν μιᾷ κορυφῇ τοῦ Κιθαιρῶνός ἐστιν εἰς δυσμὰς ἡλίου θερινὰς τετραμμένον· ἐν ᾧ καὶ μαντεῖον ἦν πρότερον, ὥς φασι, καὶ πολλοὶ κατείχοντο τῶν ἐπιχωρίων, οὓς νυμφολήπτους [7] προσηγόρευον. Τὸ δὲ τῆς Ἐλευσινίας Δήμητρος πεδίον, καὶ τὸ τὴν μάχην ἐν ἰδίᾳ χώρᾳ ποιουμένοις τοῖς Ἀθηναίοις νίκην δίδοσθαι, πάλιν εἰς τὴν Ἀττικὴν ἀνεκαλεῖτο καὶ μεθίστη τὸν πόλεμον. Ἔνθα τῶν Πλαταιέων ὁ στρατηγὸς, Ἀρίμνηστος, ἔδοξε κατὰ τοὺς ὕπνους ὑπὸ τοῦ Διὸς τοῦ Σωτῆρος ἐπερωτώμενον αὐτὸν, ὅ τι δὴ πράττειν δέδοκται [8] τοῖς Ἕλλησιν, εἰπεῖν· « Αὔριον εἰς Ἐλευσῖνα τὴν στρατιὰν ἀπάξομεν, ὦ δέσποτα [9], καὶ διαμαχούμεθα τοῖς βαρβάροις ἐκεῖ κατὰ τὸ πυθόχρηστον. » Τὸν οὖν θεὸν φάναι διαμαρτάνειν αὐτοὺς τοῦ παντός· αὐτόθι γὰρ εἶναι περὶ τὴν Πλαταϊκὴν [10] τὰ πυθόχρηστα, καὶ ζητοῦντας ἀνευρήσειν. Τούτων ἐναργῶς τῷ Ἀριμνήστῳ φανέντων, ἐξεγειρόμενος τάχιστα μετεπέμψατο τοὺς ἐμπειροτάτους καὶ πρεσβυτάτους τῶν πολιτῶν· μεθ᾽ ὧν διαλεγόμενος καὶ συνδιαπορῶν, εὗρεν ὅτι τῶν Ὑσιῶν [11] πλησίον ὑπὸ τὸν Κιθαιρῶνα ναός ἐστιν ἀρχαῖος πάνυ Δήμητρος Ἐλευσινίας καὶ Κόρης προσαγορευόμενος. Εὐθὺς οὖν, παραλαβὼν τὸν Ἀριστείδην, ἦγεν ἐπὶ τὸν τόπον εὐφυέστατον [12] ὄντα παρατάξαι φάλαγγα πεζικὴν [13] ἱπποκρατουμένοις, διὰ τὰς ὑπωρείας τοῦ

---

[7] Νυμφολήπτους (νύμφη, Nymphe, et λήβω, primitif de λαμβάνω, prendre). littéralement : possédés des Nymphes.

[8] Δέδοκται, comme en latin, Visum est, a été résolu. Nobis visum est : nous avons décidé.

[9] Δέσποτα, comme ἄναξ, titres appartenant aux rois, et appliqués fréquemment aux dieux.

[10] Πλαταϊκὴν (χώραν). Γῆ, χώρα, πόλις, comme nous avons vu plus haut ὁδός, sont continuellement sous-entendus en Grec : ἐν ταῖς αὐτῶν, dans leurs villes, ἡ οἰκουμένη, la terre habitée.

héros, auxquels il ordonnait de sacrifier, étaient bien les premiers ancêtres des Platéens ; la grotte des Nymphes Sphragitides se trouve sur l'un des sommets du Cithéron, tournée vers le couchant d'été ; là, dit-on, autrefois même, il y avait un oracle, et beaucoup des habitants étaient inspirés : on les appelait Nympholeptes. Mais désigner le champ de Cérès Eleusine, donner la victoire aux Athéniens, s'ils livraient la bataille dans leur propre pays, c'était rappeler et reporter la guerre en Attique. Alors, le général des Platéens, Arimnestus, crut voir en songe Jupiter Sauveur lui demander ce que les Grecs ont résolu de faire :« Demain, avait-il répondu, nous emmènerons l'armée à Eleusis, et là, souverain dieu, nous combattrons les barbares, suivant l'oracle d'Apollon. » Le dieu lui avait dit qu'ils se trompaient complétement ; c'est là, aux environs de Platées, qu'est l'endroit désigné par l'oracle ; qu'ils cherchent, et ils le trouveront. Après cette apparition assez claire, Arimnestus, à son réveil, s'empresse de faire appeler les citoyens les plus expérimentés et les plus âgés. Il discute, il cherche avec eux, et découvre que, près d'Hysies, au pied du Cithéron, se trouve un temple fort antique, dédié à Cérès Eleusine et à Proserpine. Aussitôt il prend avec lui Aristide, et le conduit vers cet endroit, où la nature du terrain permet à un parti faible en cavalerie de tirer avantage de la position de son infanterie ; car les bases du Cithéron

---

¹¹ Ὑσιῶν, Hysies. — Ὑπό, avec l'accusatif, comme *sub*, en latin, *près de : sub urbem*, auprès de la ville ; *sub muros*, au pied des murs. Voy. ch. xiv : ὑπὸ τὸν πρόποδα τοῦ Κιθαιρῶνος.

¹² Εὐφυέστατον παρατάξαι. Voy. ch. iv, n. 1.

¹³ Πεζικήν. « L'Attique ne se prêtait point au développement de la cavalerie, dont l'emploi n'a toute son utilité que dans les plaines... L'armée unie des Grecs, à Platées, semble n'avoir pas eu de cavalerie, vu que les peuples qui en entretenaient se trouvèrent du côté des Perses... » Bœckh, *Econ. pol. des Athén.*, liv. II, ch. xxi ; t. I, p. 422 et 423.

Κιθαιρῶνος ἄφιππα ποιούσας τὰ καταλήγοντα καὶ συγκυ-
ροῦντα τοῦ πεδίου πρὸς τὸ ἱερόν. Αὐτοῦ δ' ἦν καὶ τὸ τοῦ
Ἀνδροκράτους ἡρῷον ἐγγὺς, ἄλσει πυκνῶν καὶ συσκίων
δένδρων περιεχόμενον. Ὅπως δὲ μηδὲν ἐλλιπὲς ἔχῃ πρὸς
τὴν ἐλπίδα τῆς νίκης ὁ χρησμὸς, ἔδοξε τοῖς Πλαταιεῦσιν,
Ἀριμνήστου γνώμην εἰπόντος, ἀνελεῖν τὰ πρὸς τὴν Ἀττικὴν ὅρια τῆς Πλαταιΐδος, καὶ τὴν χώραν ἐπιδοῦναι τοῖς
Ἀθηναίοις ὑπὲρ τῆς Ἑλλάδος, ὥστ' ἐν οἰκείᾳ κατὰ τὸν
χρησμὸν ἐναγωνίσασθαι. Ταύτην μὲν οὖν τὴν φιλοτιμίαν
τῶν Πλαταιέων οὕτω συνέβη περιβόητον γενέσθαι, ὥστε καὶ
Ἀλέξανδρον, ἤδη βασιλεύοντα τῆς Ἀσίας, ὕστερον πολλοῖς ἔτεσι τειχίζοντα τὰς Πλαταιὰς, ἀνειπεῖν Ὀλυμπίασιν
ὑπὸ κήρυκος, ὅτι ταύτην ὁ βασιλεὺς ἀποδίδωσι Πλαταιεῦσι
τῆς ἀνδραγαθίας καὶ τῆς μεγαλοψυχίας χάριν, ἐπειδὴ τοῖς
Ἕλλησιν ἐν τῷ Μηδικῷ πολέμῳ τὴν χώραν ἐπέδωκαν, καὶ
παρέσχον αὑτοὺς προθυμοτάτους.

CHAPITRE XII.

Différend entre les Athéniens et les Tégéates sur le poste à occuper
pendant la bataille. Belles paroles d'Aristide, qui décident la question en faveur des Athéniens.

Ἀθηναίοις δὲ Τεγεᾶται [1] περὶ τάξεως [2] ἐρίσαντες ἠξίουν,
ὥσπερ ἀεὶ Λακεδαιμονίων τὸ δεξιὸν ἐχόντων κέρας, αὐτοὶ
τὸ εὐώνυμον ἔχειν, πολλὰ τοὺς αὑτῶν προγόνους ἐγκω-
μιάζοντες. Ἀγανακτούντων δὲ τῶν Ἀθηναίων, παρελθὼν ὁ
Ἀριστείδης εἶπε· « Τεγεάταις μὲν ἀντειπεῖν περὶ εὐγενείας
καὶ ἀνδραγαθίας ὁ παρὼν καιρὸς οὐ δίδωσι, πρὸς δ' ὑμᾶς,

XII. — [1] Τεγεᾶται, les Tégéates. Tégée, en Arcadie.
[2] Τάξεως, le rang qu'ils devaient occuper sur le champ de bataille

rendent impraticables aux chevaux les extrémités de la
plaine qui confinent au temple. C'était là aussi que s'é-
levait, dans le voisinage, le monument du héros Androcratès, au milieu d'un bois épais et touffu. Et pour qu'il
ne manquât rien aux espérances de victoire données par l'o-
racle, les Platéens résolurent, d'après l'avis d'Arimnestus,
de supprimer les limites de leur pays du côté de l'Attique,
et de céder cette contrée aux Athéniens, dans l'intérêt de la
Grèce, afin que ceux-ci pussent, suivant l'oracle, combattre
sur leur propre territoire. Cette générosité des Platéens
devint si fameuse, qu'Alexandre, déjà maître de l'Asie, re-
levant, bien des années plus tard, les murailles de Platées,
fit proclamer par le héraut aux jeux olympiques, que le
roi accordait cette récompense au courage et à la magnanimité dont les Platéens avaient fait preuve, en cédant leur
pays aux Grecs pendant la guerre médique, et en montrant
la plus noble ardeur.

CHAPITRE XII.

Différend entre les Athéniens et les Tégéates sur le poste à occuper
pendant la bataille. Belles paroles d'Aristide, qui décident la question en faveur des Athéniens.

Un différend s'élève alors entre les Athéniens et les
Tégéates sur leur poste dans la bataille. Ceux-ci prétendaient, l'aile droite étant donnée, comme toujours, aux Lacédémoniens, occuper eux-mêmes la gauche; ils faisaient
un éloge pompeux de leurs ancêtres. Les Athéniens étaient
indignés, lorsque Aristide s'avance et dit : « Entrer en
contestation avec les Tégéates sur la noblesse et le courage,

---

Le poste le plus périlleux et le plus honorable était aux deux
ailes.

ὦ Σπαρτιᾶται, καὶ τοὺς ἄλλους Ἕλληνας λέγομεν, ὅτι τὴν ἀρετὴν οὐκ ἀφαιρεῖται τόπος οὐδὲ δίδωσιν· ἣν δ' ἂν ὑμεῖς ἡμῖν τάξιν ἀποδῶτε, πειρασόμεθα κοσμοῦντες⁵ καὶ φυλάττοντες μὴ καταισχύνειν τοὺς προηγωνισμένους⁴ ἀγῶνας. Ἥκομεν γὰρ, οὐ τοῖς συμμάχοις στασιάσοντες, ἀλλὰ μαχούμενοι τοῖς πολεμίοις, οὐδ' ἐπαινεσόμενοι τοὺς πατέρας, ἀλλ' αὑτοὺς ἄνδρας ἀγαθοὺς τῇ Ἑλλάδι παρέξοντες· ὡς οὗτος ὁ ἀγὼν δείξει καὶ πόλιν καὶ ἄρχοντα καὶ ἰδιώτην⁵, ὁπόσου τοῖς Ἕλλησιν ἄξιός ἐστι. » Ταῦτ' ἀκούσαντες οἱ σύνεδροι καὶ ἡγεμόνες ἀπεδέξαντο τοὺς Ἀθηναίους, καὶ θάτερον αὐτοῖς κέρας ἀπέδοσαν.

CHAPITRE XIII.

Conspiration à Platées contre la démocratie. Conduite d'Aristide à la fois ferme et prudente.

Οὔσης δὲ μετεώρου¹ τῆς Ἑλλάδος, καὶ μάλιστα τοῖς Ἀθηναίοις τῶν πραγμάτων ἐπισφαλῶς ἐχόντων, ἄνδρες ἐξ οἴκων ἐπιφανῶν καὶ χρημάτων μεγάλων, πένητες ὑπὸ τοῦ πολέμου γεγονότες, καὶ πᾶσαν ἅμα τῷ πλούτῳ τὴν ἐν τῇ πόλει δύναμιν αὐτῶν καὶ δόξαν οἰχομένην ὁρῶντες, ἑτέρων τιμωμένων καὶ ἀρχόντων, συνῆλθον εἰς οἰκίαν τινὰ· τῶν ἐν Πλαταιαῖς κρύφα, καὶ συνωμόσαντο καταλύσειν τὸν δῆμον². εἰ δὲ μὴ προχωροίη³, λυμανεῖσθαι τὰ πράγματα, καὶ τοῖς βαρβάροις προδώσειν. Πραττομένων δὲ τούτων ἐν τῷ στρατοπέδῳ, καὶ συχνῶν ἤδη διεφθαρμένων, αἰσθόμενος ὁ Ἀρι-

---

⁵ Κοσμοῦντες, honorer, faire honneur, *ornare. Postquam census ornare magistratum cœpit.*
⁴ Προηγωνισμένους ἀγῶνας. Voy. ch. v, n. 20.
⁵ Δείξει πόλιν, ὁπόσου, κ. τ. λ. Voy. ch. ι, n. 27.

c'est ce que la conjoncture présente ne permet pas ; mais à vous, Spartiates, ainsi qu'aux autres Grecs, nous disons que la place n'ôte ni ne donne la valeur ; quel que soit le poste que vous nous aurez assigné, nous tâcherons de l'illustrer et de le défendre, sans ternir la gloire de nos précédents combats. Nous sommes venus ici, non pour disputer avec les alliés, mais pour combattre les ennemis ; non pour vanter nos pères, mais pour prouver notre bravoure personnelle à la Grèce : car cette lutte va montrer quel degré d'estime, peuple, général et simple soldat, méritent de la part des Grecs. » Après ces paroles, les membres du conseil et les chefs se prononcèrent pour les Athéniens et leur donnèrent l'autre aile.

CHAPITRE XIII.

Conspiration à Platées contre la démocratie. Conduite d'Aristide à la fois ferme et prudente.

Pendant que la Grèce était en suspens et que la situation des Athéniens surtout était critique, des hommes de familles illustres et opulentes, réduits par la guerre à la pauvreté, voyant avec leur richesse toute leur influence dans l'État et leur réputation s'évanouir, et honneur et pouvoir passer en d'autres mains, se réunirent secrètement dans une maison de Platées, et conspirèrent pour le renversement de la démocratie : en cas d'insuccès, ils bouleverseraient tout et se livreraient aux barbares. Ces choses se passaient dans le camp, et un bon nombre s'étaient déjà laissé corrompre, lorsque Aristide en fut instruit : alarmé de cette circonstance,

---

XIII. — [1] Οὔσης μετεώρου. Cf. *Vie de Démosth.*, ch. xvii : Τῆς Ἑλλάδος ἐπηρμένης πρὸς τὸ μέλλον.

[2] Δῆμον, la démocratie.

[3] Προχωροίη. Impersonnellement.

στείδης, καὶ φοβηθεὶς τὸν καιρὸν, ἔγνω μητ' ἐᾷν ἀμελού-
μενον τὸ πρᾶγμα, μήθ' ἅπαν ἐκκαλύπτειν, ἀγνοούμενον[4]
εἰς ὅσον ἐκβήσεται πλῆθος ὁ ἔλεγχος, τὸν τοῦ δικαίου
ζητῶν ὅρον ἀντὶ τοῦ συμφέροντος. Ὀκτὼ δή τινας ἐκ πολλῶν συνέλαβε, καὶ τούτων δύο μὲν, οἷς πρώτοις ἡ κρίσις
προεγράφη, οἳ καὶ πλείστην αἰτίαν εἶχον, Αἰσχίνης Λαμπρεὺς[5] καὶ Ἀγησίας Ἀχαρνεὺς, ᾤχοντο φεύγοντες ἐκ τοῦ
στρατοπέδου· τοὺς δ' ἄλλους ἀφῆκε, θαρσῆσαι διδοὺς καὶ
μεταγνῶναι τοῖς ἔτι λανθάνειν οἰομένοις, ὑπειπὼν ὡς μέγα
δικαστήριον ἔχουσι τὸν πόλεμον ἀπολύσασθαι[6] τὰς αἰτίας,
ὀρθῶς καὶ δικαίως τῇ πατρίδι βουλευόμενοι.

CHAPITRE XIV.

Combat de la cavalerie perse contre l'infanterie mégarienne. Pausanias fait appel à l'émulation des généraux. Aristide accepte le
combat pour les Athéniens. Mort du Perse Masistius. Déroute de
la cavalerie mède.

Μετὰ ταῦτα Μαρδόνιος ᾧ πλεῖστον ἐδόκει διαφέρειν[1] τῶν
Ἑλλήνων ἀπεπειρᾶτο, τὴν ἵππον ἀθρόαν αὐτοῖς ἐφεὶς, κα-
θεζομένοις ὑπὸ τὸν πρόποδα τοῦ Κιθαιρῶνος ἐν χωρίοις
ἐχυροῖς καὶ πετρώδεσι, πλὴν Μεγαρέων. Οὗτοι δὲ τρισχί-
λιοι τὸ πλῆθος ὄντες ἐν τοῖς ἐπιπέδοις μᾶλλον ἐστρατοπε-
δεύοντο. Διὸ καὶ κακῶς ἔπασχον ὑπὸ τῆς ἵππου, ῥυείσης
ἐπ' αὐτοὺς καὶ προσβολὰς ἐχούσης πανταχόθεν. Ἔπεμπον
οὖν ἄγγελον κατὰ τάχος πρὸς Παυσανίαν, βοηθεῖν κελεύον-

---

[4] Ἀγνοούμενον ne se rapporte pas à πρᾶγμα. C'est un neutre absolu, comme ἐξὸν, παρὸν, δόξαν, ὕπαρχον, δέον, et autres. Il équivaut à τούτου ἀγνοουμένου, εἰς ὅσον, κ. τ. λ., car il ignorait...

[5] Λαμπρεὺς, Ἀχαρνεὺς. Du bourg de Lampres, du bourg d'A-
charnes. Les Grecs ajoutaient au nom propre le nom du pays désigné

il résolut, sans négliger l'affaire, de ne pas la dévoiler complétement, car on ne pouvait savoir le nombre de ceux qui
se trouveraient compris dans l'enquête, si l'on se déterminait
par la justice plutôt que par l'intérêt. Il en prit donc huit,
sur un grand nombre de conjurés ; deux d'entre eux, qui
avaient été cités les premiers, et sur qui pesaient les plus
lourdes charges, Eschine de Lampres et Agésias d'Acharnes,
s'échappèrent et s'enfuirent du camp. Quant aux autres, il
les remit en liberté, laissant la confiance et le repentir à
ceux qui ne se croyaient pas découverts : il ajouta que la
guerre était un grand tribunal, où ils se laveraient de ces
accusations, en prouvant la droiture et la pureté de leurs
intentions envers la patrie.

CHAPITRE XIV.

Combat de la cavalerie perse contre l'infanterie mégarienne. Pausanias fait appel à l'émulation des généraux. Aristide accepte le
combat pour les Athéniens. Mort du Perse Masistius. Déroute de
la cavalerie mède.

Cependant Mardonius voulut profiter de l'avantage qu'il
semblait avoir sur les Grecs pour essayer leurs forces. Il
envoie ses masses de cavaliers contre leur armée postée au
pied du Cithéron, dans des lieux forts et remplis de rochers,
excepté les Mégariens. Ceux-ci, au nombre de trois mille,
étaient plutôt campés dans la plaine. Aussi eurent-ils beaucoup à souffrir de la cavalerie, qui se précipitait à grands
flots sur eux et pouvait les attaquer de tous les côtés. Ils

---

par l'adjectif terminé en εύς : Δημοσθένης Δημοσθένους Παιανιεὺς,
Δημήτριος ὁ Φαληρεύς.
   [6] Ἀπολύσασθαι, *pour* vider leurs différends. Voy. ch. iv, n. 1, et
ch. ii, n. 6 : ἐπαίρουσαν ἀδικεῖν.
   XIV. — [1] Διαφέρειν. Voy. plus haut, ch. xi, n. 13.

τες, ὡς οὐ δυνάμενοι καθ' αὑτοὺς ὑποστῆναι τὸ τῶν βαρβάρων πλῆθος. Ταῦτα Παυσανίας ἀκούων, ἤδη δὲ καὶ καθορῶν
ἀποκεκρυμμένον ἀκοντισμάτων καὶ τοξευμάτων πλήθει τὸ
στρατόπεδον τῶν Μεγαρέων καὶ συνεσταλμένους αὐτοὺς εἰς
ὀλίγον, αὐτὸς μὲν ἀμήχανος ἦν πρὸς ἱππότας ἀμύνειν ὁπλι-
τικῇ φάλαγγι καὶ βαρείᾳ τῇ Σπαρτιατῶν· τοῖς δ' ἄλλοις
στρατηγοῖς καὶ λοχαγοῖς τῶν Ἑλλήνων περὶ αὐτὸν οὖσι
προὔθετο ζῆλον ἀρετῆς καὶ φιλοτιμίας, εἰ δή τινες ἑκόντες
ἀναδέξαιντο προαγωνίσασθαι καὶ βοηθῆσαι τοῖς Μεγαρεῦσι.
Τῶν δ' ἄλλων ὀκνούντων, Ἀριστείδης, ἀναδεξάμενος ὑπὲρ
τῶν Ἀθηναίων τὸ ἔργον, ἀποστέλλει τὸν προθυμότατον τῶν
λοχαγῶν Ὀλυμπιόδωρον, ἔχοντα τοὺς ὑφ' ἑαυτὸν τεταγμέ-
νους λογάδας τριακοσίους, καὶ τοξότας [2] ἀναμεμιγμένους
σὺν αὐτοῖς. Τούτων ὀξέως διεσκευασμένων καὶ προσφερο-
μένων δρόμῳ, Μασίστιος, ὁ τῶν βαρβάρων ἵππαρχος,
ἀνὴρ ἀλκῇ τε θαυμαστὸς, μεγέθει τε καὶ κάλλει σώματος
περιττὸς, ὡς κατεῖδεν, ἐναντίον ἐπιστρέψας τὸν ἵππον, εἰς
αὐτοὺς ἤλαυνε. Τῶν δ' ἀνασχομένων καὶ συμβαλόντων, ἦν
ἀγὼν καρτερὸς ὡς πεῖραν ἐν τούτῳ τοῦ παντὸς [3] λαμβανόν-
των. Ἐπεὶ δὲ τοξευθεὶς ὁ ἵππος τὸν Μασίστιον ἀπέρριψε,
καὶ πεσὼν ὑπὸ βάρους τῶν ὅπλων αὐτός τε δυσκίνητος ἦν
ἀναφέρειν, καὶ τοῖς Ἀθηναίοις ἐπικειμένοις καὶ παίουσι
δυσμεταχείριστος, οὐ μόνον στέρνα καὶ κεφαλὴν, ἀλλὰ καὶ
τὰ γυῖα, χρυσῷ καὶ χαλκῷ καὶ σιδήρῳ καταπεφραγμένος·
τοῦτον μὲν, ᾗ τὸ κράνος ὑπέφαινε τὸν ὀφθαλμὸν, ἀκοντίου
στύρακι παίων τις ἀνεῖλεν· οἱ δ' ἄλλοι Πέρσαι, προέμενοι τὸν
νεκρὸν, ἔφευγον. Ἐγνώσθη δὲ τοῦ κατορθώματος τὸ μέ-
γεθος τοῖς Ἕλλησιν, οὐκ ἀπὸ τῶν νεκρῶν τοῦ πλήθους

___

[2] Τοξότας. α A Platées, les Athéniens avaient des archers pour la
première fois sur terre. Voy. sur ces troupes Bœckh, *Econ. pol. des*

envoyèrent donc un message en toute hâte à Pausanias, pour lui demander du secours, ne pouvant seuls tenir tête à la multitude des barbares. A cette nouvelle, Pausanias, qui voyait déjà le camp des Mégariens couvert d'une grêle de dards et de flèches, et leurs troupes resserrées dans un étroit espace, reconnaît l'impossibilité de les défendre lui-même contre des cavaliers avec la grosse infanterie pesamment armée des Lacédémoniens. Il propose donc, comme un noble but à l'émulation et à la valeur des autres généraux et commandants grecs qui l'entourent, d'aller de bonne volonté tenter le combat et secourir les Mégariens. Les autres hésitent ; Aristide accepte cette mission pour les Athéniens, et envoie le plus déterminé de ses capitaines, Olympiodore, à la tête de trois cents hommes d'élite qu'il a sous ses ordres, avec des archers mêlés dans leurs rangs. Ceux-ci sont bientôt prêts, et s'élancent au pas de course. Masistius, général de la cavalerie barbare, homme d'une force surprenante, d'une taille et d'une prestance remarquables, ne les a pas plus tôt aperçus, qu'il tourne bride et pousse à eux. Les Athéniens tiennent bon et engagent le combat ; c'est une mêlée terrible, où l'on prélude à l'issue définitive de la guerre. Enfin le cheval de Masistius, frappé d'une flèche, le jette à terre : une fois tombé, la pesanteur de ses armes l'empêche de se relever, et les Athéniens le pressent de leurs coups, mais sans pouvoir l'atteindre, car il avait la poitrine, la tête, et les membres tout bardés d'or, d'airain et de fer ; cependant le casque laisse l'œil à découvert, un soldat y enfonce la pointe de sa pique, et le tue. Les Perses alors abandonnent son corps et prennent la fuite. Les Grecs reconnurent l'importance de ce succès, non au nombre des morts (car il en

---

Athén., liv. II, ch. XXI. Au moyen âge, les archers combattaient de même au milieu des cavaliers.

[3] Τοῦ πάντος, *de universo belli exitu periculum facientes.*

(ὀλίγοι γὰρ οἱ πεσόντες ἦσαν), ἀλλὰ τῷ πένθει τῶν βαρβάρων. Καὶ γὰρ ἑαυτοὺς ἔκειρον ἐπὶ τῷ Μασιστίῳ καὶ ἵππους καὶ ἡμιόνους, οἰμωγῆς τε καὶ κλαυθμοῦ τὸ πεδίον ἐνεπίμπλασαν, ὡς ἄνδρα πολὺ πρῶτον ἀρετῇ καὶ δυνάμει μετά γε Μαρδόνιον αὐτὸν ἀποβαλόντες.

CHAPITRE XV.

Mardonius se propose d'attaquer les Grecs à l'improviste pendant la nuit. Alexandre Iᵉʳ, roi de Macédoine, vient prévenir Aristide, qui communique cet avis à Pausanias.

Μετὰ δὲ τὴν ἱππομαχίαν ἀμφότεροι μάχης ἔσχοντο χρόνον πολύν. Ἀμυνομένοις γὰρ οἱ μάντεις νίκην προὔφαινον ἐκ τῶν ἱερῶν ὁμοίως καὶ τοῖς Πέρσαις καὶ τοῖς Ἕλλησιν· εἰ δ' ἐπιχειροῖεν, ἧτταν. Ἔπειτα Μαρδόνιος, ὡς αὐτῷ μὲν ἡμερῶν ὀλίγων τὰ ἐπιτήδεια περιῆν, οἱ δ' Ἕλληνες, ἀεί[1] τινων ἐπιρρεόντων, πλείονες ἐγίνοντο, δυσανασχετῶν ἔγνω μηκέτι μένειν, ἀλλὰ διαβὰς ἅμα φάει τὸν Ἀσωπὸν ἐπιθέσθαι τοῖς Ἕλλησιν ἀπροσδοκήτως· καὶ παράγγελμα τοῖς ἡγεμόσιν ἑσπέρας ἔδωκε. Μεσούσης δὲ μάλιστα[2] τῆς νυκτὸς, ἀνὴρ ἵππον ἔχων ἀτρέμα προσεμίγνυε τῷ στρατοπέδῳ τῶν Ἑλλήνων· ἐντυχὼν δὲ ταῖς φυλακαῖς, ἐκέλευεν αὐτῷ προσελθεῖν Ἀριστείδην τὸν Ἀθηναῖον. Ὑπακούσαντος[3] δὲ ταχέως, ἔφησεν· « Εἰμὶ μὲν Ἀλέξανδρος[4], ὁ Μακεδόνων βασιλεύς· ἥκω δὲ, κινδύνων τὸν μέγιστον εὐνοίᾳ τῇ πρὸς ὑμᾶς αἱρούμενος, ὡς μὴ τὸ αἰφνίδιον ἐκπλήξειεν ὑμᾶς χεῖρον ἀγωνίσασθαι[5]. Μαχεῖται γὰρ ὑμῖν Μαρδόνιος αὔριον, οὐχ ὑπ' ἐλπίδος χρηστῆς οὐδὲ θάρσους, ἀλλ' ἀπορίας τῶν πα-

---

XV. — [1] Ἀεί, *successivement, usque.*

[2] Μάλιστα, à ce moment plutôt que tout autre, *à peu près,* ains en latin : *Tum maxime.*

resta peu sur la place), mais à la douleur des Perses. Ils se rasèrent en signe de deuil, coupèrent les crins de leurs chevaux et de leurs mulets, et remplirent la plaine de cris et de lamentations, car ils venaient de perdre celui qui, après Mardonius, était le premier par son autorité et par sa valeur

CHAPITRE XV.

Mardonius se propose d'attaquer les Grecs à l'improviste pendant la nuit. Alexandre Ier, roi de Macédoine, vient prévenir Aristide, qui communique cet avis à Pausanias.

Après cet engagement de cavalerie, les deux partis restèrent longtemps sans combattre. La défensive, disaient les devins, d'après l'inspection des victimes, à la fois aux Perses et aux Grecs, leur vaudrait la victoire ; l'offensive, une défaite. Enfin, Mardonius, qui n'avait plus que pour quelques jours de vivres, voyant le nombre des Grecs s'accroître sans cesse de nouveaux renforts, s'impatiente et se décide à ne plus attendre : il veut, au point du jour, passer l'Asopus et tomber sur les Grecs à l'improviste : il donne, le soir, ses ordres aux chefs. Vers le milieu de la nuit, un homme à cheval s'approche tranquillement du camp des Grecs : il aborde les sentinelles, et demande à parler à Aristide l'Athénien. Celui-ci s'empresse de se rendre à son invitation : « Je suis, dit l'étranger, Alexandre, roi de Macédoine, et je viens, au mépris des plus grands dangers, par zèle pour vous, prémunir votre courage contre le trouble d'une surprise. Mardonius vous livrera bataille demain, non qu'il ait bon espoir ni grande confiance, mais la détresse l'y force.

---

3 Ὑπακούσαντος. *Audire dicto.*

4 Ἀλέξανδρος, Alexandre Ier, fils d'Amyntas.

5 Ἀγωνίσασθαι, s. e. ὥστε. Voy. plus haut, ch. xiii, n. 6.

ρόντων· ἐπεὶ [6] καὶ μάντεις ἐκεῖνον ἀπαισίοις ἱεροῖς καὶ λο-
γίοις χρησμῶν εἴργουσι μάχης· καὶ τὸν στρατὸν ἔχει δυσθυ-
μία πολλὴ καὶ κατάπληξις. Ἀλλ' ἀνάγκη τολμῶντα
πειρᾶσθαι τῆς τύχης, ἢ τὴν ἐσχάτην ὑπομένειν ἀπορίαν καθεζόμενον [7]. » Ταῦτα φράσας ὁ Ἀλέξανδρος ἐδεῖτο τὸν Ἀριστείδην αὐτὸν εἰδέναι καὶ μνημονεύειν, ἑτέρῳ δὲ μὴ κατειπεῖν.
Ὁ δ' οὐ καλῶς ἔχειν ἔφη ταῦτα Παυσανίαν ἀποκρύψασθαι·
ἐκείνῳ γὰρ ἀνακεῖσθαι τὴν ἡγεμονίαν· πρὸς δὲ τοὺς ἄλλους
ἄρρητα πρὸ τῆς μάχης ἔδοξεν ἔσεσθαι· νικώσης δὲ τῆς
Ἑλλάδος, οὐδένα τὴν Ἀλεξάνδρου προθυμίαν καὶ ἀρετὴν
ἀγνοήσειν. Λεχθέντων δὲ τούτων, ὅ τε βασιλεὺς τῶν Μακεδόνων ἀπήλαυνεν [8] ὀπίσω πάλιν, ὅ τ' Ἀριστείδης ἀφικόμενος
ἐπὶ τὴν σκηνὴν τοῦ Παυσανίου διηγεῖτο τοὺς λόγους· καὶ
μετεπέμποντο τοὺς ἄλλους ἡγεμόνας, καὶ παρήγγελλον ἐν
κόσμῳ τὸν στρατὸν ἔχειν, ὡς μάχης ἐσομένης.

CHAPITRE XVI.

Nouveau changement de l'ordre de bataille. Mécontentement des
Athéniens. Aristide leur représente qu'il vaut mieux pour eux
combattre contre les barbares que contre les Grecs. Mais Mardonius change aussi son ordre de bataille, et fait passer les Grecs en
face des Athéniens. Les Grecs se décident à déplacer leur camp.

Ἐν τούτῳ δ', ὡς Ἡρόδοτος ἱστορεῖ [1], Παυσανίας Ἀριστείδη προσέφερε λόγον, ἀξιῶν τοὺς Ἀθηναίους ἐπὶ τὸ
δεξιὸν μετατάξαι καὶ κατὰ τοὺς Πέρσας ἀντιταχθῆναι·
βέλτιον γὰρ ἀγωνιεῖσθαι, τῆς τε μάχης ἐμπείρους γεγονότας

---

[6] Ἐπεί, car. — Καὶ... καὶ..., et... et..., double raison pour ne pas
combattre.

[7] Καθεζόμενον, desidem. Cf. Dém. Olynth. II, ch. 8 : Καθήμεθα
οὐδὲν ποιοῦντες. Tite Live : Sedemus desides domi.

Les devins, au nom des présages contraires et des oracles, le détournent du combat : l'armée est en proie au découragement et à la frayeur ; mais il lui faut tenter résolûment la bataille, ou attendre dans l'inaction la dernière détresse. » Après ces paroles, Alexandre pria Aristide de garder cet avis pour lui seul, de ne pas l'oublier, mais de n'en faire part à personne. Celui-ci répondit qu'il ne serait pas bien de le cacher à Pausanias, puisque c'était en lui que résidait le commandement en chef ; mais il s'engagea à n'en rien dire aux autres avant le combat ; une fois la Grèce victorieuse, nul n'ignorera le dévouement et le courage d'Alexandre. A la suite de cet entretien, le roi des Macédoniens s'en retourna sur ses pas, et Aristide se rendit à la tente de Pausanias pour lui communiquer cet avis. Ils mandèrent les autres chefs, et leur ordonnèrent de tenir l'armée en bon ordre, la bataille étant imminente.

CHAPITRE XVI.

Nouveau changement de l'ordre de bataille. Mécontentement des Athéniens. Aristide leur représente qu'il vaut mieux pour eux combattre contre les barbares que contre les Grecs. Mais Mardonius change aussi son ordre de bataille, et fait passer les Grecs en face des Athéniens. Les Grecs se décident à déplacer leur camp.

Sur ces entrefaites, Pausanias, suivant le récit d'Hérodote, fit une ouverture à Aristide ; il lui proposa de faire passer les Athéniens à l'aile droite, et de les ranger en face des Perses : ils combattraient, en effet, avec plus de courage, grâce à leur expérience de ce genre de combat, et

---

8 Ἀπήλαυνεν. Sens neutre. On peut sous-entendre ἵππον. Ainsi en français, dans Racine, *Récit de la mort d'Hippolyte* : *Pousse* au monstre...

XVI. — 1 Ἡρόδοτος ἱστορεῖ. Voy. liv. IX, ch XLVI.

καὶ τῷ προνενικηκέναι θαρροῦντας· αὐτῷ δὲ παραδοῦναι τὸ εὐώνυμον, ὅπου τῶν Ἑλλήνων οἱ μηδίζοντες [2] ἐπιβάλλειν ἔμελλον. Οἱ μὲν οὖν ἄλλοι στρατηγοὶ τῶν Ἀθηναίων ἀγνώμονα καὶ φορτικὸν ἡγοῦντο τὸν Παυσανίαν, εἰ τὴν ἄλλην ἐῶν τάξιν ἐν χώρᾳ μόνους ἄνω καὶ κάτω μεταφέρει σφᾶς, ὥσπερ εἵλωτας, κατὰ τὸ μαχιμώτατον προβαλλόμενος. Ὁ δ' Ἀριστείδης διαμαρτάνειν αὐτοὺς ἔφασκε τοῦ παντός, εἰ πρώην μὲν ὑπὲρ τοῦ τὸ εὐώνυμον κέρας ἔχειν διεφιλοτιμοῦντο Τεγεάταις, καὶ προκριθέντες ἐσεμνύνοντο· νῦν δὲ, Λακεδαιμονίων ἑκουσίως αὐτοῖς ἐξισταμένων τοῦ δεξιοῦ, καὶ τρόπον τινὰ τὴν ἡγεμονίαν παραδιδόντων, οὔτε τὴν δόξαν ἀγαπῶσιν, οὔτε κέρδος ἡγοῦνται τὸ μὴ πρὸς ὁμοφύλους καὶ συγγενεῖς, ἀλλὰ βαρβάρους καὶ φύσει πολεμίους [3] ἐναγωνίσασθαι. Ἐκ τούτου πάνυ προθύμως οἱ Ἀθηναῖοι διημείβοντο τοῖς Σπαρτιάταις τὴν τάξιν· καὶ λόγος ἐχώρει δι' αὐτῶν πολὺς ἀλλήλοις παρεγγυώντων· « Ὡς οὔτε ὅπλα βελτίω λαβόντες οὔτε ψυχὰς ἀμείνους οἱ πολέμιοι τῶν ἐν Μαραθῶνι προσίασιν, ἀλλὰ ταῦτὰ [4] μὲν ἐκείνοις τόξα, ταὐτὰ δ' ἐσθῆτος ποικίλματα, καὶ χρυσὸς ἐπὶ σώμασι μαλακοῖς [5] καὶ ψυχαῖς ἀνάνδροις· ἡμῖν [6] δ' ὅμοια μὲν ὅπλα καὶ σώματα, μεῖζον δὲ ταῖς νίκαις τὸ θάρσος· ὁ δ' ἀγὼν οὐχ ὑπὲρ χώρας καὶ πόλεως μόνον, ὡς ἐκείνοις [7], ἀλλ' ὑπὲρ τῶν ἐν Μαραθῶνι καὶ

---

[2] Οἱ μηδίζοντες. Particulièrement les Thébains. Il y avait aussi dans l'armée perse des Grecs d'Ionie et des colonies de l'Asie Mineure.

[3] Φύσει πολεμίους. Isocrate, dans son *Panégyrique* (ch. xlii), rappelle que, de tout temps, les Athéniens avaient regardé les Perses comme des ennemis naturels, et (ch. xlix) il emploie les mêmes expressions que Plutarque : Οὐκ ἐπὶ τοὺς καὶ φύσει πολεμίους καὶ πατρικοὺς ἐχθροὺς στρατεύειν προσήκει;

[4] Τὰ αὐτὰ ἐκείνοις (ἢ ἐκεῖνοι). Voy. chap. ι, n. 23. — Ἐκείνοις, les Perses, vaincus à Marathon.

[5] Μαλακοῖς... ἀνάνδροις. Cf. Isocrate, *Panég.*, ch. xli : Οὐ γὰρ

à la confiance que leur donnaient leurs précédentes victoires.
Pour lui, on lui laisserait l'aile gauche, où les Grecs du parti
mède devaient donner. Les autres généraux athéniens se
récriaient contre l'irrésolution insupportable de Pausanias,
qui, laissant chacun à son poste, les transportait, eux seuls,
tantôt ici, tantôt là, comme des hilotes, et les opposait aux
corps les plus aguerris. Aristide leur représenta qu'ils
étaient dans une erreur complète : naguère, pour obtenir
l'aile gauche, ils se disputaient avec les Tégéates, et se faisaient gloire d'avoir été préférés. Et maintenant que les
Lacédémoniens leur cèdent spontanément la droite, et leur
abandonnent en quelque sorte le commandement suprême,
cette gloire ne les satisfait point, et ils ne reconnaissent pas
l'avantage de n'avoir pas à combattre des compatriotes et des
parents, mais des barbares et leurs ennemis naturels. Après
ces remontrances, les Athéniens furent tous disposés à chan-
ger de poste avec les Spartiates; et l'on entendit de toutes
parts ces mots d'encouragement courir parmi eux : « Les
ennemis ne sont venus ni avec des armes meilleures, ni
avec plus de courage dans l'âme que ceux de Marathon :
ce sont toujours les mêmes arcs, les mêmes broderies sur
leurs vêtements, de l'or sur des corps amollis et des âmes
efféminées : pour nous, mêmes armes et mêmes corps,
mais une plus grande confiance due à nos victoires. Et
nous ne combattons pas comme eux, pour une contrée ou

οἶόντε τοὺς οὕτω τρεφομένους καὶ πολιτευομένους ἀρετῆς μετέχειν...
Καὶ τὰ μὲν σώματα διὰ τοὺς πλούτους τρυφῶντες, τὰς δὲ ψυχὰς διὰ
τὰς μοναρχίας ταπεινὰς καὶ περιδεεῖς ἔχοντες...

[6] Ἡμῖν δὲ... Après avoir commencé par le style indirect, Plutarque emploie le style direct, et rapporte les paroles mêmes des Athéniens.

[7] Ὡς ἐκείνοις. Quelques interprètes ont cru que ἐκείνοις désignait les Lacédémoniens, et Amyot traduit : Comme nos autres
alliés Grecs. Ἐκείνοις désigne évidemment les Perses, qui combattaient pour la conquête d'un pays et d'une ville.

Σαλαμῖνι τροπαίων, ὡς μηδ' ἐκεῖνα Μιλτιάδου [8] δοκοίη καὶ τύχης, ἀλλ' Ἀθηναίων. » Οὗτοι μὲν οὖν σπεύδοντες ἐν ἀμείψει τῶν τάξεων ἦσαν· αἰσθόμενοι δὲ Θηβαῖοι παρ' αὐτομόλων, Μαρδονίῳ φράζουσι. Κἀκεῖνος εὐθὺς, εἴτε δεδιὼς τοὺς Ἀθηναίους, εἴτε τοῖς Λακεδαιμονίοις συμπεσεῖν φιλοτιμούμενος, ἀντιπαρεξῆγε τοὺς Πέρσας ἐπὶ τὸ δεξιόν· τοὺς δ' Ἕλληνας ἐκέλευε τοὺς σὺν αὐτῷ κατὰ τοὺς Ἀθηναίους ἵστασθαι. Γενομένης δὲ τῆς μετακοσμήσεως καταφανοῦς, ὅ τε Παυσανίας ἀποτραπεὶς αὖθις ἐπὶ τοῦ δεξιοῦ κατέστη, καὶ Μαρδόνιος, ὥσπερ εἶχεν ἐξ ἀρχῆς, εὐθὺς ἀνέλαβε τὸ εὐώνυμον, κατὰ τοὺς Λακεδαιμονίους γενόμενος. Ἥ τε ἡμέρα διεξῆλθεν ἀργὴ, καὶ τοῖς Ἕλλησι βουλευομένοις ἔδοξε [9] πορρωτέρω μεταστρατοπεδεῦσαι καὶ καταλαβεῖν ἔνυδρον χωρίον· ἐπεὶ τὰ πλησίον νάματα καθύβριστο καὶ διέφθαρτο, τῶν βαρβάρων ἱπποκρατούντων.

CHAPITRE XVII.

Amompharétus refuse de suivre le reste de l'armée. Profitant de ces mouvements, Mardonius attaque les Lacédémoniens. Situation critique des Grecs. Pausanias lui-même en danger pendant qu'il offre un sacrifice.

Ἐπελθούσης δὲ νυκτὸς, καὶ τῶν στρατηγῶν ἀγόντων [1] ἐπὶ τὴν ἀποδεδειγμένην στρατοπεδείαν, οὐ πάνυ πρόθυμον ἦν ἕπεσθαι καὶ συμμένειν τὸ πλῆθος· ἀλλ' ὡς ἀνέστησαν ἐκ τῶν πρώτων ἐρυμάτων, ἐφέροντο πρὸς τὴν πόλιν τῶν Πλαταιέων οἱ πολλοὶ, καὶ θόρυβος ἦν ἐκεῖ διασκιδναμένων καὶ κατασκηνούντων ἀτάκτως. Λακεδαιμονίοις δὲ συνέβη

[8] Μιλτιάδου, τύχης, Ἀθηναίων, génitifs amenés par un substantif, ἔργον, par exemple, sous-entendu. En latin : est regis.
[9] Ἔδοξε, visum est. Voy. ch. xi, n. 8.

une ville, mais pour les trophées de Marathon et de Salamine, afin de montrer qu'ils ne sont pas l'œuvre de Miltiade
et de la fortune, mais des Athéniens. » Ils s'occupaient donc
avec empressement de ce changement de poste. Cependant
les Thébains, prévenus par des transfuges, en informent
Mardonius. Aussitôt, celui-ci, soit crainte des Athéniens,
soit désir de se mesurer avec les Lacédémoniens, fait passer
les Perses à la droite, et ordonne aux Grecs qu'il a avec lui
de se placer en face des Athéniens. Pausanias s'aperçoit de
ce changement de disposition, et va par une nouvelle conver-
sion se remettre à la droite. Mardonius s'empresse de reprendre son premier poste, à la gauche, pour se retrouver en
face des Lacédémoniens. La journée se passa ainsi sans agir ;
les Grecs alors, ayant tenu conseil, résolurent d'aller camper
plus loin, et d'occuper un emplacement où il y eût de l'eau :
car les sources voisines avaient été troublées et corrompues
par la nombreuse cavalerie des barbares.

CHAPITRE XVII.

Amompharétus refuse de suivre le reste de l'armée. Profitant de ces
mouvements, Mardonius attaque les Lacédémoniens. Situation critique des Grecs. Pausanias lui-même en danger pendant qu'il
offre un sacrifice.

La nuit venue, les généraux conduisent leurs troupes
vers le campement désigné ; mais ce n'est qu'à contre
cœur que les soldats suivent et restent ensemble. Aussitôt sortis des premiers retranchements, ils se portent
en foule vers la ville de Platées : ils se dispersent tumul-
tueusement et dressent leurs tentes en désordre. Alors les
Lacédémoniens se trouvèrent, malgré eux, isolés du reste

XVII. — ‘ Ἀγόντων. Sens neutre. Cf. ch. xv, n. 8. De même, en
latin : *Oriente sole*, eduxit. *Postquam ille Canusio* moverat. Cic.

4.

μὲν ἄκουσι μόνοις[2] ἀπολιπέσθαι τῶν ἄλλων· Ἀμομφάρετος
γὰρ, ἀνὴρ θυμοειδὴς καὶ φιλοκίνδυνος, ἔκπαλαι πρὸς τὴν
μάχην σπαργῶν, καὶ βαρυνόμενος τὰς πολλὰς ἀναβολὰς
καὶ μελλήσεις, τότε δὲ παντάπασι τὴν μετανάστασιν φυγὴν
ἀποκαλῶν καὶ ἀπόδρασιν, οὐκ ἔφη λείψειν[5] τὴν τάξιν,
ἀλλ' αὐτόθι μένων μετὰ τῶν ἑαυτοῦ λοχιτῶν ὑποστήσεσθαι
Μαρδόνιον. Ὡς δὲ Παυσανίας ἐπελθὼν ἔλεγε ταῦτα πράττειν ἐψηφισμένα καὶ δεδογμένα τοῖς Ἕλλησιν, ἀράμενος
ταῖν χεροῖν πέτρον μέγαν ὁ Ἀμομφάρετος, καὶ καταβαλὼν
πρὸ τῶν ποδῶν τοῦ Παυσανίου, ταύτην ἔφη ψῆφον[4] αὐτὸς
περὶ τῆς μάχης τίθεσθαι, τὰ δὲ τῶν ἄλλων δειλὰ βουλεύματα καὶ δόγματα χαίρειν ἐᾶν[5]. Ἀπορούμενος δὲ Παυσανίας
τῷ παρόντι, πρὸς μὲν τοὺς Ἀθηναίους ἔπεμψεν ἀπιόντας
ἤδη, περιμεῖναι δεόμενος καὶ κοινῇ βαδίζειν, αὐτὸς δὲ τὴν
ἄλλην δύναμιν ἦγε πρὸς τὰς Πλαταιὰς, ὡς ἀναστήσων
τὸν Ἀμομφάρετον. Ἐν τούτῳ δὲ κατελάμβανεν ἡμέρα, καὶ
Μαρδόνιος (οὐ γὰρ ἔλαθον[6] τὴν στρατοπεδείαν ἐκλιπόντες οἱ
Ἕλληνες), ἔχων συντεταγμένην τὴν δύναμιν, ἐπεφέρετο
τοῖς Λακεδαιμονίοις βοῇ πολλῇ καὶ πατάγῳ τῶν βαρβάρων,
ὡς οὐ μάχης ἐσομένης, ἀλλὰ φεύγοντας ἀναρπασομένων
τοὺς Ἕλληνας. Ὃ μικρᾶς ῥοπῆς[7] ἐδέησε γενέσθαι. Κατιδὼν γὰρ τὸ γινόμενον ὁ Παυσανίας ἔσχετο μὲν τῆς πορείας,

---

[2] Ἄκουσι μόνοις. Attraction. Λακεδαιμονίοις ἀπεῖπε ναύταις
εἶναι. Licet illis esse beatis. Cf. ch. vi, n. 6.

[5] Οὐκ ἔφη λείψειν. La négation, qui se joint, en français, au second verbe, se place en grec et en latin avec le premier. Il dit qu'il
ne voulait pas : Negavit se velle, οὐκ ἔφη βούλεσθαι.

[4] Ψῆφον. Il faut se rappeler que ἐψηφισμένα, ψηφίζομαι, com-
prennent l'idée de ψῆφος, caillou, et ne signifient suffrage, vote, décret, que par extension, parce que l'on votait avec de petits cailloux.
C'est sur cette double signification que repose le sens du mot d'A-
mompharétus.

[5] Χαιρεῖν ἐᾶν. Voy. ch. v, n. 7.

de l'armée. Amompharétus, homme plein de courage et
d'intrépidité, brûlait depuis longtemps de combattre. Irrité
de tant de retards et de délais, il traitait hautement ce mouvement de fuite et de désertion. Il déclara qu'il ne quitterait
pas son poste, mais qu'il resterait là pour soutenir avec ses
soldats le choc de Mardonius. Pausanias arrive et lui représente qu'il agit en vertu d'un décret, d'une résolution des
Grecs. Alors Amompharétus, soulevant dans ses deux mains
une énorme pierre, la lance aux pieds de Pausanias : c'est
là, dit-il, son suffrage pour le combat; quant aux lâches
conseils et aux résolutions des autres, il s'en moque. Em-
barrassé de cet incident, Pausanias envoie vers les Athéniens
déjà en marche, pour les prier d'attendre et de faire route
de conserve; lui-même il emmène le reste de l'armée vers
Platées, pour tâcher d'entraîner Amompharétus. Cependant le jour survint : Mardonius, qui s'était aperçu que les
Grecs avaient abandonné leur camp, vient, avec son armée
rangée en bataille, se jeter sur les Lacédémoniens. Les barbares poussent de grands cris et font un horrible fracas,
comme s'ils allaient, non pas combattre, mais piller les
Grecs en fuite. Et c'est ce qui faillit arriver. Car, voyant ce
qui se passait, Pausanias avait bien suspendu la marche, et

---

⁶ Ἔλαθον ἐκλιπόντες. Hellénisme équivalant à : Οὐκ ἔλαθε Μαρδόνιον τοὺς Ἕλληνας ἐκλιπεῖν τ. στ. — *Non latuerunt deserentes*, c'est-
à-dire *non latuit Mardonium Græcos deseruisse...* Virgile a dit
de même : *Sensit medios delapsus in hostes*, pour *sensit se de-
lapsum esse.*

⁷ Μικρᾶς ῥοπῆς. Ῥοπή, au propre, le mouvement d'une balance
qui penche d'un côté ou de l'autre. Μεγάλη ῥοπή, c'est donc une
chose qui pèse beaucoup dans la balance, chose de grande importance. Μεγάλη ῥοπὴ ἡ τύχη. Démosth. *Olynth.* II, ch. VIII. Μικρὰ
ῥοπή, faible mouvement de la balance, chose de peu d'importance.
Momentum (*movimentum*) a le même sens en latin : *Res magni,
res parvi momenti.* On dit en français : une affaire *d'un grand
poids.*

καὶ τὴν ἐπὶ μάχῃ τάξιν ἐκέλευσε λαμβάνειν ἕκαστον· ἔλαθε
δ᾽ αὐτὸν [8], εἶθ᾽ ὑπὸ τῆς πρὸς Ἀμομφάρετον ὀργῆς, εἴτε τῷ
τάχει θορυβηθέντα τῶν πολεμίων, σύνθημα δοῦναι τοῖς
Ἕλλησιν. Ὅθεν οὔτ᾽ εὐθὺς οὔτ᾽ ἀθρόοι, κατ᾽ ὀλίγους δὲ
καὶ σποράδην, ἤδη τῆς μάχης ἐν χερσὶν οὔσης, προσεβοή-
θουν. Ὡς δὲ θυόμενος οὐκ ἐκαλλιέρει, προσέταξε τοῖς Λακεδαιμονίοις, τὰς ἀσπίδας πρὸ τῶν ποδῶν θεμένους, ἀτρέμα
καθέζεσθαι, καὶ προσέχειν αὐτῷ, μηδένα τῶν πολεμίων
ἀμυνομένους· αὐτὸς δὲ πάλιν ἐσφαγιάζετο. Καὶ προσέπι-
πτον οἱ ἱππεῖς· ἤδη δὲ καὶ βέλος ἐξικνεῖτο, καί τις ἐπέ-
πληκτο τῶν Σπαρτιατῶν. Ἐν τούτῳ δὲ καὶ Καλλικράτης,
ὃν ἰδέᾳ τε κάλλιστον Ἑλλήνων, καὶ σώματι μέγιστον ἐν
ἐκείνῳ τῷ στρατῷ γενέσθαι λέγουσι, τοξευθεὶς καὶ θνήσκων,
οὐκ ἔφη τὸν θάνατον ὀδύρεσθαι· καὶ γὰρ ἐλθεῖν οἴκοθεν
ὑπὲρ τῆς Ἑλλάδος ἀποθανούμενον [9]· ἀλλ᾽ ὅτι θνήσκει τῇ
χειρὶ μὴ χρησάμενος. Ἦν οὖν τὸ μὲν πάθος δεινὸν, ἡ
δ᾽ ἐγκράτεια θαυμαστὴ τῶν ἀνδρῶν. Οὐ γὰρ ἡμύνοντο τοὺς
πολεμίους ἐπιβαίνοντας, ἀλλὰ τὸν παρὰ τοῦ θεοῦ καὶ τοῦ
στρατηγοῦ καιρὸν ἀναμένοντες, ἠνείχοντο [10] βαλλόμενοι καὶ
πίπτοντες ἐν ταῖς τάξεσιν. Ἔνιοι δέ φασι τῷ Παυσανίᾳ, μικρὸν ἔξω τῆς παρατάξεως θύοντι καὶ κατευχομένῳ, τῶν
Λυδῶν τινας ἄφνω προσπεσόντας, ἁρπάζειν καὶ διαρρίπτειν
τὰ περὶ τὴν θυσίαν· τὸν δὲ Παυσανίαν καὶ τοὺς περὶ αὐτὸν,
οὐκ ἔχοντας ὅπλα, ῥάβδοις καὶ μάστιξι παίειν. Διὸ καὶ νῦν
ἐκείνης τῆς ἐπιδρομῆς μιμήματα [11] τὰς περὶ τὸν βωμὸν ἐν

---

8 Ἔλαθε δ᾽ αὐτόν. Il oublia. *Illum fugit, præteriit, latuit.*

9 Ἀποθανούμενον. Il semble qu'il faudrait ἀποθανούμενος, se rapportant à Καλλικράτης, sujet de οὐκ ἔφη. Mais ἐλθεῖν est à l'infinitif,
amené par le style indirect (voy. ch. vııı, n. 9), et la proposition infi-
nitive a exigé l'accusatif. — Οὐκ ἔφη. Voy. plus haut n. 3.

ordonné à chacun de prendre son poste de combat ; mais il oublia, soit colère contre Amompharétus, soit surprise de cette attaque soudaine, de donner le mot d'ordre aux Grecs. Aussi n'est-ce point aussitôt, ni en masse, mais par détachements et à la débandade, lorsque les combattants en étaient déjà aux mains, qu'ils viennent les appuyer. Les sacrifices n'étant pas favorables, Pausanias ordonne aux Lacédémoniens de déposer leurs boucliers à leurs pieds, et de se tenir tranquilles, attentifs, sans repousser les ennemis : puis il se remet à immoler des victimes. La cavalerie attaque : déjà les traits portent, et des Spartiates sont atteints. En ce moment Callistratès, qui surpassait tous les Grecs de cette armée par sa beauté et par sa taille, est percé d'une flèche. En expirant, il dit que ce qu'il regrettait, ce n'était pas de mourir : car il était parti de chez lui décidé à mourir pour la Grèce ; mais c'était de mourir sans avoir éprouvé la valeur de son bras. La situation était critique, mais la constance des soldats fut admirable. Ils ne repoussaient point les ennemis qui les assaillaient, mais, attendant le moment que le dieu et le général jugeraient favorable, ils se laissaient frapper et tombaient à leur poste. Suivant quelques-uns, Pausanias sacrifiait et priait à peu de distance de la ligne de bataille, lorsqu'une troupe de Lydiens, survenant brusquement, pille et disperse tout ce qui servait au sacrifice : Pausanias et ceux qui l'entourent, à défaut d'armes, les frappent à coup de baguettes et de fouets. C'est encore en souvenir de cette poursuite qu'on flagelle à Sparte de jeunes enfants auprès

---

[10] Ἠνείχοντο. Double augment, avant et après la préposition. De même : Ἀνορθόω, ἠνώρθουν, ἀνέχομαι, ἠνειχόμην.

[11] Μιμήματα. Apposition à toute la proposition τὰς πληγὰς τῶν ἐφήβων συντελεῖσθαι. Ainsi dans Virgile : *Alii subiere feretro*, triste ministerium.

Σπάρτη πληγὰς τῶν ἐφήβων, καὶ τὴν μετὰ ταῦτα τῶν Λυδῶν πομπὴν συντελεῖσθαι.

CHAPITRE XVIII.

Retour offensif des Lacédémoniens. Combat acharné. Arrivée des Athéniens. Vains efforts d'Aristide pour décider les Thébains à abandonner les Mèdes.

Δυσφορῶν οὖν ὁ Παυσανίας τοῖς παροῦσιν, ἄλλα τοῦ μάντεως ἐπ' ἄλλοις ἱερεῖα καταβάλλοντος, τρέπεται πρὸς τὸ Ἡραῖον [1] τῇ ὄψει δεδακρυμένος· καὶ τὰς χεῖρας ἀνασχὼν εὔξατο Κιθαιρωνίᾳ Ἥρᾳ καὶ Θεοῖς ἄλλοις, οἳ Πλαταιίδα γῆν ἔχουσιν, εἰ μὴ πέπρωται τοῖς Ἕλλησι νικᾶν, ἀλλὰ δράσαντάς γέ τι παθεῖν [2], καὶ δείξαντας ἔργῳ τοῖς πολεμίοις, ὡς ἐπ' ἄνδρας ἀγαθοὺς καὶ μάχεσθαι μεμαθηκότας ἐστράτευσαν. Ταῦτα τοῦ Παυσανίου θεοκλυτοῦντος, ἅμα ταῖς εὐχαῖς ἐφάνη τὰ ἱερὰ, καὶ νίκην οἱ μάντεις ἐμήνυον. Καὶ δοθέντος εἰς ἅπαντας παραγγέλματος καθίστασθαι πρὸς τοὺς πολεμίους, ἥ τε φάλαγξ ὄψιν ἔσχεν αἰφνιδίως ἑνὸς ζώου θυμοειδοῦς πρὸς ἀλκὴν τρεπομένου καὶ φρίξαντος· τοῖς τε βαρβάροις τότε παρέστη λογισμὸς, ὡς πρὸς ἄνδρας ὁ ἀγὼν ἔσοιτο μαχομένους ἄχρι θανάτου. Διὸ καὶ, προθέμενοι πολλὰ τῶν γέρρων, ἐτόξευον τοὺς Λακεδαιμονίους. Οἱ δὲ τηροῦντες ἅμα τὸν συνασπισμὸν ἐπέβαινον, καὶ προσπεσόντες ἐξεώθουν τὰ γέρρα, καὶ τοῖς δόρασι τύπτοντες πρόσωπα καὶ στέρνα τῶν Περσῶν, πολλοὺς κατέβαλλον, οὐκ ἀπράκτως οὐδ' ἀθύμως πίπτοντας. Καὶ γὰρ ἀντιλαμβανόμενοι τῶν δορατίων ταῖς χερσὶ γυμναῖς [3], συνέθραυον τὰ

XVIII. — [1] Ἡραῖον. On a vu plus haut que Junon était une des divinités protectrices de Platées, et qu'elle avait un temple sur le mont Cithéron. Voy. ch. ii.

de l'autel, et que l'on fait ensuite la procession des Lydiens.

CHAPITRE XVIII.

Retour offensif des Lacédémoniens. Combat acharné. Arrivée des Athéniens. Vains efforts d'Aristide pour décider les Thébains à abandonner les Mèdes.

Pausanias, désespéré de cet état de choses, et voyant le devin immoler victimes sur victimes, se tourne vers le temple de Junon, les yeux pleins de larmes : les mains levées, il adresse une prière à Junon Cithéronienne et aux autres dieux, qui protégent le territoire de Platées : si les destins refusent la victoire aux Grecs, que du moins ils ne meurent pas sans agir et sans prouver par leurs actes aux ennemis qu'ils sont venus attaquer des soldats braves et qui savent combattre. Pausanias achevait cette invocation, lorsque aussitôt les présages se manifestèrent, et les devins annoncèrent la victoire. L'ordre est donné à tous de tenir tête à l'ennemi, et la phalange présente soudain l'aspect d'un animal impétueux qui s'apprête à la lutte et se hérisse. Les barbares comprirent alors qu'ils allaient avoir affaire à des hommes décidés à combattre jusqu'à la mort. Aussi, se couvrant de leurs boucliers, ils lancent leurs flèches contre les Lacédémoniens. Ceux-ci, gardant leurs pavois serrés, tombent sur les ennemis, repoussent leurs boucliers, et frappent de leurs piques les Perses au visage et à la poitrine; beaucoup tombent, mais non sans résistance ni courage. Saisissant de leurs mains nues les lances des Lacédémoniens, ils les brisaient pour la plupart, puis ils

---

² Παθεῖν, *périr*. Cf. Démosth. : Εἴ τι πάθοι ὁ Φίλιππος, *si Philippe mourait*.

⁵ Γυμναῖς, *sans armes*. Hérodote rapporte également qu'ils n'a-

πλεῖστα· καὶ πρὸς τὰς ξιφουλκίας ἐχώρουν οὐκ ἀργῶς, ἀλλὰ ταῖς τε κοπίσι καὶ τοῖς ἀκινάκαις χρώμενοι, καὶ τὰς ἀσπίδας παρασπῶντες καὶ συμπλεκόμενοι, χρόνον πολὺν ἀντεῖχον. Οἱ δ' Ἀθηναῖοι τέως μὲν ἠτρέμουν ἀναμένοντες τοὺς Λακεδαιμονίους· ἐπεὶ δὲ κραυγή τε προσέπιπτε πολλὴ μαχομένων, καὶ παρῆν, ὥς φασιν, ἄγγελος παρὰ Παυσανίου τὰ γινόμενα φράζων, ὥρμησαν κατὰ τάχος βοηθεῖν. Καὶ προχωροῦσιν αὐτοῖς διὰ τοῦ πεδίου πρὸς τὴν βοὴν ἐπεφέροντο τῶν Ἑλλήνων οἱ μηδίζοντες. Ἀριστείδης δὲ, πρῶτον μὲν ὡς εἶδε, πολὺ προελθὼν, ἐβόα, μαρτυρόμενος Ἑλληνίους θεοὺς, ἀπέχεσθαι μάχης, καὶ μὴ σφίσιν ἐμποδὼν εἶναι, μηδὲ κωλύειν ἐπαμύνοντας τοῖς προκινδυνεύουσιν ὑπὲρ τῆς Ἑλλάδος. Ἐπεὶ δ' ἑώρα μὴ προσέχοντας αὐτῷ, καὶ συντεταγμένους ἐπὶ τὴν μάχην, οὕτω [4] τῆς ἐκεῖ [5] βοηθείας ἀποτραπόμενος, συνέβαλε τούτοις περὶ πεντακισμυρίους [6] οὖσιν. Ἀλλὰ τὸ μὲν πλεῖστον εὐθὺς ἐνέδωκε καὶ ἀπεχώρησεν, ἅτε δὴ καὶ τῶν βαρβάρων ἀπηλλαγμένων· ἡ δὲ μάχη λέγεται μάλιστα κατὰ Θηβαίους γενέσθαι προθυμότατα, τῶν πρώτων καὶ δυνατωτάτων τότε παρ' αὐτοῖς μηδιζόντων καὶ τὸ πλῆθος οὐ κατὰ γνώμην, ἀλλ' ὀλιγαρχούμενον ἀγόντων.

CHAPITRE XIX.

Déroute et mort de Mardonius. Les Athéniens emportent le camp des Perses. Autel élevé par les Grecs à Jupiter Libérateur.

Οὕτω δὲ τοῦ ἀγῶνος δίχα συνεστῶτος, πρῶτοι μὲν ἐώσαντο

---

vaient pas d'armes. *Nudus* a ce sens aussi en latin : *In altera philosophiæ parte Epicurus plane* inermis ac nudus *est*. Cic. *Urbs* nuda *præsidio*. Id.

[4] Οὕτω. Voy. ch. ix, n. 7.

[5] Ἐκεῖ, *illic*, là-bas, l'endroit où combattaient les Lacédémoniens.

marchaient vaillamment contre la pointe des épées, et, frappant à coup de haches et de cimeterres, arrachant les boucliers des ennemis, luttant corps à corps, ils résistèrent pendant longtemps. Les Athéniens étaient jusqu'alors restés en repos, en attendant les Lacédémoniens. Cependant un grand bruit de combattants parvint jusqu'à eux, et bientôt se présenta, dit-on, un envoyé de Pausanias qui leur apprit ce qui se passait ; alors ils s'élancent en toute hâte à leur secours. Pendant qu'ils marchent à travers la plaine du côté des cris, ils se trouvent devant les Grecs du parti mède. Aristide, à cette vue, s'avance aussitôt loin des siens, et leur crie, en attestant les dieux des Grecs, de s'abstenir de combattre, de ne pas entraver leur marche, de ne point les arrêter lorsqu'ils vont soutenir ceux qui luttent pour la Grèce. Mais les voyant, sans tenir compte de ses exhortations, se disposer au combat, alors il renonce à porter secours aux Lacédémoniens, et attaque ces Grecs, qui étaient au nombre d'environ cinquante mille. La plupart aussitôt cèdent et se replient, car les barbares aussi étaient mis en déroute. La bataille fut, dit-on, acharnée surtout contre les Thébains, dont les premiers et les plus puissants avaient embrassé le parti mède, et menaient la multitude, non selon sa volonté, mais au gré de l'oligarchie.

CHAPITRE XIX.

Déroute et mort de Mardonius. Les Athéniens emportent le camp des Perses. Autel élevé par les Grecs à Jupiter Libérateur.

La lutte ainsi divisée, les Lacédémoniens les premiers

---

⁶ Πεντακισμυρίους. Ce chiffre a paru exagéré. Mais il pouvait y avoir des Perses dans ce corps d'armée où se trouvaient les Grecs du parti mède, et il faut se rappeler que les armées des Perses se comptaient par cinq ou six cent mille hommes.

τοὺς Πέρσας οἱ Λακεδαιμόνιοι, καὶ τὸν Μαρδόνιον ἀνὴρ
Σπαρτιάτης, ὄνομα Ἀρίμνηστος, ἀποκτίννυσι, λίθῳ τὴν
κεφαλὴν πατάξας, ὥςπερ αὐτῷ προεσήμανε τὸ ἐν Ἀμφιάρεω[1]
μαντεῖον. Ἔπεμψε γὰρ ἄνδρα Λυδὸν ἐνταῦθα, Κᾶρα
δὲ ἕτερον εἰς Τροφωνίου[2] ὁ Μαρδόνιος· καὶ τοῦτον μὲν ὁ
προφήτης Καρικῇ γλώσσῃ προσεῖπεν· ὁ δὲ Λυδὸς, ἐν τῷ
σηκῷ τοῦ Ἀμφιάρεω κατευνασθεὶς, ἔδοξεν ὑπηρέτην τινὰ
τοῦ θεοῦ παραστῆναι καὶ κελεύειν αὐτὸν ἀπεῖναι· μὴ βουλομένου δὲ, λίθον εἰς τὴν κεφαλὴν ἐμβαλεῖν μέγαν, ὥστε
δόξαι πληγέντα τεθνάναι τὸν ἄνθρωπον[3]. Καὶ ταῦτα μὲν
οὕτω γενέσθαι λέγεται· τοὺς δὲ φεύγοντας εἰς τὰ ξύλινα
τείχη[4] καθεῖρξαν. Ὀλίγῳ δ' ὕστερον Ἀθηναῖοι τοὺς Θηβαίους τρέπονται, τριακοσίους τοὺς ἐπιφανεστάτους καὶ
πρώτους διαφθείραντες ἐν αὐτῇ τῇ μάχῃ. Γεγενημένης γὰρ[5]
τῆς τροπῆς, ἧκεν αὐτοῖς ἄγγελος πολιορκεῖσθαι τὸ βαρβα-
ρικὸν εἰς τὰ τείχη κατακεκλεισμένον. Οὕτω δὴ, σώζεσθαι τοὺς
Ἕλληνας ἐάσαντες, ἐβοήθουν πρὸς τὰ τείχη, καὶ τοῖς Λακεδαιμονίοις παντάπασιν ἀργῶς πρὸς τειχομαχίαν καὶ ἀπεί-
ρως ἔχουσιν ἐπιφανέντες, αἱροῦσι τὸ στρατόπεδον φόνῳ
πολλῷ τῶν πολεμίων. Λέγονται γὰρ ἀπὸ τῶν τριάκοντα
μυριάδων τετρακισμύριοι φυγεῖν σὺν Ἀρταβάζῳ[6]· τῶν δὲ
ὑπὲρ τῆς Ἑλλάδος ἀγωνισαμένων ἔπεσον οἱ πάντες[7] ἐπὶ
χιλίοις ἑξήκοντα καὶ τριακόσιοι. Τούτων Ἀθηναῖοι μὲν

XIX. — [1] Ἀμφιάρεω. Génitif amené par un nom (ναῷ) sous-entendu. Voy. ch. ı, n. 16. — Sur Amphiaraüs, voy. ch. ııı, n. 11.

[2] Τροφωνίου. Oracle célèbre de Lébadée, en Béotie.

[3] Τὸν ἄνθρωπον. Le Lydien lui-même.

[4] Ξύλινα τείχη. Les retranchements dont il a été question au
chap. xı : Περὶ τὰς ἀποσκευὰς τεῖχος περιεφράξαντο τετράγωνον.

[5] Γὰρ, comme *nam, namque*, en latin, explique souvent une
proposition qui vient après. La suite des idées est : Ils laissèrent fuir
les Thébains : *car* un messager vint leur apprendre, etc. Cf. Héro-

poussent * les Perses, et Mardonius est tué par un Spartiate, nommé Arimnestus, qui le frappe d'un coup de pierre à la tête, comme l'avait prédit l'oracle dans le temple d'Amphiaraüs. Mardonius y avait envoyé un Lydien, et à l'antre de Trophonius un Carien. Le prophète répondit à celui-ci en langue carienne : quant au Lydien, couché dans le sanctuaire d'Amphiaraüs, il crut voir un ministre du dieu se présenter devant lui et lui ordonner de sortir; sur son refus, le ministre lui jeta à la tête une grosse pierre, dont il se crut tué sur le coup. Voilà, dit-on, comment le fait se passa. Cependant les fuyards furent enfermés dans leur enceinte de bois. Bientôt après, les Athéniens mettent les Thébains en déroute, après avoir tué dans le combat trois cents des premiers et des plus illustres d'entre eux. Pendant la déroute, un envoyé vint leur annoncer que l'armée barbare est assiégée dans ses retranchements où elle est cernée. Alors, laissant les Grecs se sauver, ils viennent seconder l'attaque. Les Lacédémoniens se comportaient, à l'assaut, avec mollesse et avec une complète inexpérience, lorsque les Athéniens paraissent et enlèvent le camp, après avoir fait un grand carnage des ennemis. Sur trois cent mille, il n'en échappa, dit-on, que quarante mille avec Artabaze : du côté des défenseurs de la Grèce, il en succomba en tout treize cent soixante. Sur ce nombre, il y avait cinquante-deux Athéniens, tous de la tribu Aïantide qui, sui-

---

dote, liv. I, ch. 124 : Ὦ παῖ Καμβύσεω, σὲ γὰρ θεοὶ ἐπορέουσι, σύ νυν Ἀστυάγεα τῖσαι. Fils de Cambyse, venge-toi d'Astyage : *car es dieux te protègent.* — Virg. *En.* I, 65 : *Æole, namque tibi divûm pater dedit fluctus tollere, Incute vim ventis.* L'ordre des idées est : *Æole, incute vim ventis, namque tibi,* etc.

6 Σὺν Ἀρταβάζῳ. Artabaze, qui avait désapprouvé cette campagne, se hâta de regagner l'Hellespont et de repasser en Asie.

7 Οἱ πάντες, *en tout.*

* *Pousser* l'aile droite des ennemis. Boss. *Bat. de Rocroy.*

ἦσαν δύο καὶ πεντήκοντα, πάντες ἐκ τῆς Αἰαντίδος φυλῆς [8],
ὥς φησι Κλείδημος [9], ἀγωνισαμένης ἄριστα· διὸ καὶ ταῖς
Σφραγίτισι Νύμφαις ἔθυον [10] Αἰαντίδαι τὴν πυθόχρηστον θυσίαν ὑπὲρ τῆς νίκης, ἐκ δημοσίου τὸ ἀνάλωμα λαμβάνοντες·
Λακεδαιμόνιοι δ' ἑνὶ πλείους [11] τῶν ἐννενήκοντα, Τεγεᾶται δ'
ἑκκαίδεκα. Θαυμαστὸν οὖν τὸ Ἡροδότου [12], πῶς μόνους τούτους [13] φησὶν εἰς χεῖρας ἐλθεῖν τοῖς πολεμίοις, τῶν δ' ἄλλων
Ἑλλήνων μηδένα. Καὶ γὰρ τὸ πλῆθος τῶν πεσόντων μαρ-
τυρεῖ καὶ τὰ μνήματα [14] κοινὸν γενέσθαι τὸ κατόρθωμα· καὶ
τὸν βωμὸν οὐκ ἂν ἐπέγραψαν οὕτως [15], εἰ μόναι τρεῖς πόλεις [16]
ἠγωνίσαντο, τῶν ἄλλων ἀτρέμα καθεζομένων [17].

> Τόνδε ποθ' Ἕλληνες, νίκας [18] κράτει, ἔργῳ [19] Ἄρηος,
> (Εὐτόλμῳ ψυχᾶς λήματι πειθόμενοι) [20],
> Πέρσας ἐξελάσαντες, ἐλευθέρᾳ Ἑλλάδι κοινὸν
> Ἱδρύσαντο Διὸς βωμὸν ἐλευθερίου [21].

Ταύτην τὴν μάχην ἐμαχέσαντο τῇ τετράδι τοῦ Βοηδρο-

---

[8] Αἰαντίδος. La tribu Aiantide ou Ajantide, ainsi nommée d'Ajax
(Αἴας), fils de Télamon.

[9] Κλείδημος, historien, auteur d'une histoire spéciale de l'Attique.

[10] Ἔθυον θυσίαν. Voy. ch. v, n. 20.

[11] Ἑνὶ πλείους. Littér. Plus nombreux d'un que quatre-vingts.
— Πλείους, nomin.

[12] Θαυμαστὸν τὸ Ἡροδότου, πῶς φησίν, pour : θαυμαστὸν πῶς
Ἡρόδοτος φησίν. Voy. ch. j, n. 27. — Hérodote, liv. IX, ch. LXX,
parle seulement des peuples qui se sont le plus distingués dans cette
journée. Plutarque a reproduit ses critiques avec l'inscription qui
suit dans son Traité sur la malignité d'Hérodote.

[13] Τούτους, les Athéniens, les Lacédémoniens et les Tégéates.

[14] Μνήματα, les tombeaux; littér. comme monumenta, en latin,
ce qui rappelle le souvenir.

[15] Ἂν ἐπέγραψαν. Ἂν avec l'indicatif, parce qu'on sait que la
chose a eu lieu en effet. Ἂν avec l'optatif, quand on doute que la
chose ait eu lieu ou qu'elle puisse avoir lieu. — L'inscription prouve
seulement qu'il s'agissait des intérêts communs de toute la Grèce,
et que c'est au nom de tous que l'autel était élevé.

vant le témoignage de Clidème, combattit avec le plus grand courage ; c'est pour cela que les Aïantides faisaient aux Nymphes Sphragitides un sacrifice prescrit par l'oracle en l'honneur de cette victoire, et dont le trésor public payait les frais. Les Lacédémoniens perdirent quatre-vingt-douze des leurs, et les Tégéates seize.

Il est donc étonnant qu'Hérodote prétende que ces peuples seuls en vinrent aux mains avec les ennemis, à l'exclusion des autres Grecs. Car le nombre des morts et les tombeaux attestent que le succès fut commun à tous. Ils n'auraient pas gravé sur l'autel l'inscription suivante, si trois peuples seuls avaient pris part à la lutte, tandis que les autres seraient restés inactifs :

> Jadis les Grecs, par la force de la victoire et le secours de Mars,
> conduits par leur ardeur audacieuse,
> ont chassé les Perses, et pour la Grèce libre, en commun
> élevé cet autel à Jupiter Libérateur.

Cette bataille se donna le quatrième jour du commencement de Boédromion, suivant les Athéniens, et , suivant les

---

[16] Πόλεις, *civitates*, peuples.

[17] Καθεζομένων. Voy. ch. xv, n. 7.

[18] Νίκας, gén. de forme dorienne, pour νίκης.

[19] Ἔργῳ. Ω, comme la diphthongue ει de κράτει, devient bref devant la voyelle qui suit. La longue équivalant à deux brèves, une des brèves s'élide, et il n'en reste qu'une. Ce cas qui se présente continuellement dans la versification grecque, est rare en latin. Virgile a dit : *Flerunt* Rhodopeïæ *arces. Insulæ Ionio in magno.*

[20] Le vers pentamètre qui doit suivre le premier hexamètre manque dans les manuscrits.

[21] Pausanias (liv. IX, ch. xi) attribue cette inscription au poëte Simonide. Voici la traduction d'un ancien interprète .

> Hanc quondam Græci, superatis hostibus, aram,
> Libertas patriæ quum sua tuta stetit,
> Et profligatis servata est Græcia Persis,
> Munus Eleutherio constituere Jovi.

μιῶνος [22] ἱσταμένου κατ' Ἀθηναίους, κατὰ δὲ Βοιωτοὺς τετράδι τοῦ Πανέμου φθίνοντος [23], ᾗ καὶ νῦν ἔτι τὸ Ἑλληνικὸν
ἐν Πλαταιαῖς ἀθροίζεται συνέδριον, καὶ θύουσι τῷ ἐλευθε-
ρίῳ Διὶ Πλαταιεῖς ὑπὲρ τῆς νίκης. Τὴν δὲ τῶν ἡμερῶν
ἀνωμαλίαν οὐ θαυμαστέον, ὅπου [24] καὶ νῦν, διηκριβωμένων
τῶν ἐν ἀστρολογίᾳ μᾶλλον [25], ἄλλην ἄλλοι μηνὸς ἀρχὴν καὶ
τελευτὴν ἄγουσιν.

CHAPITRE XX.

Contestations entre les Grecs sur le prix de la valeur. Il est décerné
aux Platéens. Euchidas va chercher le feu sacré à Delphes et revient dans le même jour. Sa mort; son tombeau dans le temple de
Diane.

Ἐκ τούτου τῶν Ἀθηναίων τὸ ἀριστεῖον [1] οὐ παραδιδόντων
τοῖς Σπαρτιάταις, οὐδὲ τρόπαιον ἱστάναι συγχωρούντων
ἐκείνοις, παρ' οὐδὲν ἂν ἦλθεν εὐθὺς ἀπολέσθαι τὰ πράγματα τῶν Ἑλλήνων ἐν τοῖς ὅπλοις διαστάντων, εἰ μὴ
πολλὰ παρηγορῶν καὶ διδάσκων τοὺς συστρατήγους ὁ Ἀριστείδης, μάλιστα δὲ Λεωκράτη καὶ Μυρωνίδην, ἔσχε καὶ
συνέπεισε τὴν κρίσιν ἐφεῖναι τοῖς Ἕλλησιν. Ἐνταῦθα βουλευομένων τῶν Ἑλλήνων, Θεογείτων μὲν ὁ Μεγαρεὺς
εἶπεν, ὡς ἑτέρᾳ πόλει δοτέον εἴη τὸ ἀριστεῖον, εἰ μὴ βού-

---

[22] Βοηδρομιῶνος. Le mois boédromion correspondait à la fin d'août,
commencement de septembre. — Les Lacédémoniens, les Béotiens,
les Corinthiens et les Macédoniens ne donnaient pas à leurs mois les
mêmes noms que les Athéniens.

[25] Φθίνοντος, c'est-à-dire le 27 du mois panémus. Les Grecs divisaient les mois en trois décades : la première, *du mois commençant;* la seconde, *du milieu du mois;* la troisième, *du mois finissant.* Ils disaient donc le premier jour, le second, le troisième, etc.,
du mois commençant; le 1er, le 2e, le 3e, etc., du milieu du mois.
Mais pour la dernière dizaine, ils procédaient par soustraction : le
30 était le 1er jour du mois finissant; le 29 était le 2e; le 28 était
le 3e; le 27, le 4e.

Béotiens, le quatrième de la fin de Panémus, jour où maintenant encore se tient à Platées l'assemblée des Grecs, et où les Platéens font un sacrifice à Jupiter Libérateur en l'honneur de cette victoire. Cette discordance dans les jours n'a rien d'étonnant, puisque aujourd'hui même, bien que les connaissances astronomiques soient plus exactes, chaque peuple a sa manière de déterminer le commencement et la fin des mois.

CHAPITRE XX.

Contestations entre les Grecs sur le prix de la valeur. Il est décerné aux Platéens. Euchidas va chercher le feu sacré à Delphes et revient dans le même jour. Sa mort ; son tombeau dans le temple de Diane.

Après la victoire, les Athéniens ne voulant ni céder le prix de la valeur aux Spartiates, ni leur permettre d'élever un trophée, peu s'en fallut qu'une querelle à main armée ne perdît les affaires de la Grèce. Mais, à force d'exhortations et de remontrances adressées aux généraux, et surtout à Léocratès et à Myronidès, Aristide parvint à les retenir et les détermina à remettre la décision aux Grecs. Pendant la délibération, Théogiton de Mégare proposa de

---

[24] Ὅπου. Voy. ch. ι, n. 28.

[25] Ἀστρολογία. Les Athéniens se servaient des mois lunaires, plus courts que les mois solaires dont se servaient les Romains. Les Macédoniens furent les premiers qui adoptèrent les mois solaires, au temps d'Alexandre, et les rendirent fixes et conformes à ceux des Romains.

XX. — [1] Τὸ ἀριστεῖον. C'était le prix accordé au peuple qui s'était le plus distingué dans la bataille. Ce n'était pas une simple distinction, un titre de gloire ; on prélevait sur le butin une *part d'honneur* qui était attribuée par privilége au peuple reconnu digne de cette récompense.

λονται συνταράξαι πόλεμον ἐμφύλιον· ἐπὶ τούτῳ δ' ἀναστὰς
Κλεόκριτος ὁ Κορίνθιος δόξαν μὲν παρέσχεν, ὡς Κοριν-
θίοις αἰτήσων τὸ ἀριστεῖον· ἦν γὰρ ἐν ἀξιώματι μεγίστῳ
μετὰ τὴν Σπάρτην καὶ τὰς Ἀθήνας ἡ Κόρινθος· εἶπε δὲ
πᾶσιν ἀρέσαντα θαυμαστὸν λόγον ὑπὲρ Πλαταιέων, καὶ
συνεβούλευσε τὴν φιλονεικίαν ἀνελεῖν, ἐκείνοις τὸ ἀριστεῖον
ἀποδόντας, οἷς οὐδετέρους² τιμωμένοις ἄχθεσθαι. Ῥηθέντων
δὲ τούτων, πρῶτος μὲν Ἀριστείδης συνεχώρησεν ὑπὲρ τῶν
Ἀθηναίων, ἔπειτα Παυσανίας ὑπὲρ τῶν Λακεδαιμονίων.
Οὕτω δὲ διαλλαγέντες, ἐξεῖλον ὀγδοήκοντα τάλαντα³ τοῖς
Πλαταιεῦσιν, ἀφ' ὧν τὸ τῆς Ἀθηνᾶς ᾠκοδόμησαν ἱερόν, καὶ
τὸ ἕδος ἔστησαν, καὶ γραφαῖς τὸν νεὼν διεκόσμησαν, αἳ
μέχρι νῦν ἀκμάζουσαι διαμένουσιν. Ἔστησαν δὲ τρόπαιον,
ἰδίᾳ μὲν Λακεδαιμόνιοι, χωρὶς δ' Ἀθηναῖοι. Περὶ δὲ θυσίας
ἐρομένοις αὐτοῖς ἀνεῖλεν ὁ Πύθιος Διὸς ἐλευθερίου βωμὸν
ἱδρύσασθαι, θῦσαι δὲ μὴ πρότερον, ἢ τὸ κατὰ τὴν χώραν
πῦρ ἀποσβέσαντας, ὡς ὑπὸ τῶν βαρβάρων μεμιασμένον,
ἐναύσασθαι καθαρὸν ἐκ Δελφῶν ἀπὸ τῆς κοινῆς ἑστίας⁴. Οἱ
μὲν οὖν ἄρχοντες τῶν Ἑλλήνων, περιϊόντες εὐθὺς, ἠνάγ-
καζον ἀποσβεννύναι τὰ πυρὰ παντὰ τοὺς χρωμένους· ἐκ δὲ
Πλαταιέων Εὐχίδας, ὑποσχόμενος ὡς ἐνδέχεται τάχιστα
κομιεῖν τὸ παρὰ τοῦ θεοῦ πῦρ, ἧκεν εἰς Δελφούς. Ἁγνίσας
δὲ τὸ σῶμα⁵ καὶ περιρρανάμενος, ἐστεφανώσατο δάφνῃ⁶· καὶ

---

² Οἷς οὐδετέρους. Style indirect. S. c. ἔλεγε, ἔφη.

³ Ὀγδοήκοντα τάλαντα. Environ 450,000 francs. (Le talent valait
un peu plus de 5,500 francs.)

⁴ Τῆς κοινῆς ἑστίας. Il s'agit du feu sacré que des femmes étaient
chargées d'entretenir perpétuellement sur l'autel d'Apollon, comme
le firent les vestales à Rome. Cf. Eschyle, *Choéphores*, v. 1035 :
Ἴδρυμα, Λοξίου πέδον, Πυρός τε φέγγος ἄφθιτον κεκλημένον. — La
même expression se retrouve dans les anciennes lois latines : *Ignem
foci publici sempiternum in Urbe Virgines Vestales* custodiunto.
(Cicéron.)

donner le prix de la valeur à un autre peuple, si l'on ne
voulait soulever une guerre civile. Alors Cléocritus de Corinthe se lève : on crut qu'il allait demander le prix pour
les Corinthiens ; car, après Sparte et Athènes, Corinthe était
la première en dignité; mais, à la satisfaction de tous, il
prononça un éloge admirable des Platéens, et conseilla de
vider le différend en donnant le prix à ce peuple, que les
deux autres verraient récompenser sans mécontentement.
Après ces paroles, Aristide le premier acquiesça, au nom
des Athéniens, puis Pausanias, au nom des Lacédémoniens.
Ces mesures prises, ils prélevèrent pour les Platéens quatre-
vingts talents qui servirent à bâtir le temple de Minerve,
à élever sa statue et à orner l'édifice de peintures qui ont
conservé jusqu'à nous leur éclat. On dressa un trophée, les
Lacédémoniens pour leur compte, et les Athéniens à part.
Consulté sur les sacrifices à faire, Apollon Pythien leur
répondit d'ériger un autel à Jupiter Libérateur, et de ne
pas faire de sacrifices avant d'avoir éteint le feu dans toute
la contrée : car les barbares l'avaient souillé, et il fallait
aller allumer un feu pur à Delphes au foyer commun. Les
chefs des Grecs allèrent donc aussitôt à la ronde forcer les
habitants à éteindre le feu dont ils se servaient, et l'un des
Platéens, Euchidas, s'étant engagé à rapporter le plus vite
possible le feu pris sur l'autel du Dieu, se rendit à Delphes.
Il se purifia avec l'eau lustrale, se couronna de laurier;

---

⁵ Ἁγνίσας τὸ σῶμα. On lisait à l'entrée du temple de Delphes
cette inscription en gros caractères : « Que personne n'approche de
ces lieux, s'il n'est purifié. » Il y avait deux sortes de purifications :
l'une pour les mains seulement, l'autre pour tout le corps. Elles se
faisaient avec l'eau lustrale, placée dans des vases à l'entrée du ves-
tibule du temple, ou même sur les places publiques. Ces usages
étaient communs à la plupart des peuples de l'Orient, où ils se
retrouvent encore en certains endroits.

Le laurier était consacré à Apollon : *Delphica laurus*
Hor. Claud. — *Visit laurigero sacrata palatia Phœbo.* Ov.

λαβὼν ἀπὸ τοῦ βωμοῦ τὸ πῦρ, δρόμῳ πάλιν εἰς τὰς Πλαταιὰς ἐχώρει, καὶ πρὸ ἡλίου δυσμῶν ἐπανῆλθε, τῆς αὐτῆς
ἡμέρας χιλίους σταδίους [7] ἀνύσας. Ἀσπασάμενος δὲ τοὺς
πολίτας, καὶ τὸ πῦρ παραδοὺς, εὐθὺς ἔπεσε, καὶ μετὰ μικρὸν ἐξέπνευσεν [8]. Ἀράμενοι δ' αὐτὸν οἱ Πλαταιεῖς, ἔθαψαν
ἐν τῷ ἱερῷ τῆς Εὐκλείας [9] Ἀρτέμιδος, ἐπιγράψαντες τόδε
τὸ τετράμετρον [10].

Εὐχίδας Πυθῶδε [11] θρέξας ἦλθε τᾷδ' [12] αὐθημερόν.

Τὴν δ' Εὔκλειαν οἱ μὲν πολλοὶ καὶ καλοῦσι καὶ νομίζουσιν
Ἄρτεμιν, ἔνιοι δέ φασιν Ἡρακλέους μὲν θυγατέρα καὶ
Μυρτοῦς γενέσθαι, τῆς Μενοιτίου μὲν θυγατρὸς, Πατρόκλου
δ' ἀδελφῆς· τελευτήσασαν δὲ παρθένον ἔχειν παρά τε Βοιωτοῖς καὶ Λοκροῖς [13] τιμάς. Βωμὸς γὰρ αὐτῇ καὶ ἄγαλμα παρὰ
πᾶσαν ἀγορὰν ἵδρυται, καὶ προθύουσιν αἵ τε γαμούμεναι καὶ
οἱ γαμοῦντες.

CHAPITRE XXI.

Fête instituée à Platées sur la proposition d'Aristide en souvenir de la
victoire des Grecs. Détails sur les cérémonies de cette solennité.

Ἐκ τούτου γενομένης ἐκκλησίας κοινῆς τῶν Ἑλλήνων,
ἔγραψεν Ἀριστείδης ψήφισμα, συνιέναι μὲν εἰς Πλαταιὰς
καθ' ἕκαστον ἐνιαυτὸν τοὺς ἀπὸ τῆς Ἑλλάδος προβούλους

[7] Χιλίους σταδίους. 200 kilomètres ou 50 lieues.

[8] Ἐξέπνευσεν. Ce dévouement rappelle celui du soldat Athénien,
qui, après la bataille de Marathon, déjà exténué de fatigue, courut
à Athènes sans quitter ses armes, et tomba mort en annonçant la
victoire.

[9] Εὐκλείας (εὖ, et κλέος), bonne renommée. Diane était la per-
sonnification des mœurs simples et chastes. De là, ce surnom.

[10] Τετράμετρον. Vers composé de trochées et de spondées avec
un dactyle à la fin; il se scande comme ce vers de Catulle :

puis, ayant pris le feu sur l'autel, il revint en courant à Platées, où il était de retour avant le coucher du soleil, après avoir fait mille stades le même jour. Il salue ses concitoyens, leur remet le feu, tombe aussitôt, et bientôt après il expire. Les Platéens l'enlevèrent et l'ensevelirent dans le temple de Diane Eucléia ; on grava sur sa tombe ce trétramètre :

Euchidas courut jusqu'à Pytho et revint ici le même jour

Eucléia est, selon l'opinion de la plupart, un nom qu'on donne à Diane ; d'après quelques-uns, c'était une fille d'Hercule et de Myrto, fille de Ménœtius et sœur de Patrocle : morte vierge, elle est honorée chez les Béotiens et les Locriens. Ils lui élèvent un autel et une statue sur toutes les places publiques, et les fiancés, garçons et filles, y vont faire des sacrifices.

CHAPITRE XXI.

Fête instituée à Platées sur la proposition d'Aristide en souvenir de la victoire des Grecs. Détails sur les cérémonies de cette solennité.

Ensuite eut lieu une assemblée commune des Grecs, et Aristide proposa ce décret : Chaque année se réuniront à Platées les représentants et les théores de la Grèce, et l'on y célébrera une fête quinquennale des Eleuthéries. La

---

Nēc Cĕ | rēs nĕc | Bācchŭs | ābsŭnt, | nĕc pŏ | ētā | rūm dĕŭs.

[11] Πυθῶδε. Πυθώ, nom de Delphes, ou de l'endroit même où siégeait la Pythie. *Delos ubi nunc, Phœbe, tua est? ubi Delphica Pytho?* (Tibulle.) — Δε, particule postpositive qui indique la question *quo* : οἴκονδε, Ἀθηνάζε (Ἀθηνάςδε).

[12] Τᾶδε, pour τῇδε, à la question *quà*. Nous avons déjà vu les formes doriennes en usage dans les inscriptions.

[13] Λοκροῖς. Les Locriens, voisins des Béotiens, au Nord.

καὶ Θεωροὺς¹, ἄγεσθαι δὲ πενταετηρικὸν ἀγῶνα τῶν Ἐλευ-
θερίων²· εἶναι δὲ σύνταξιν Ἑλληνικὴν, μυρίας μὲν ἀσπίδας, χιλίους δὲ ἵππους, ναῦς δ' ἑκατὸν, ἐπὶ τὸν πρὸς
βαρβάρους πόλεμον· Πλαταιεῖς δ' ἀσύλους καὶ ἱεροὺς ἀφεῖ-
σθαι τῷ θεῷ, θύοντας ὑπὲρ τῆς Ἑλλάδος. Κυρωθέντων δὲ
τούτων, οἱ Πλαταιεῖς ὑπεδέξαντο τοῖς πεσοῦσι καὶ κειμένοις
αὐτόθι τῶν Ἑλλήνων ἐναγίζειν καθ' ἕκαστον ἐνιαυτόν. Καὶ
τοῦτο μέχρι νῦν δρῶσι τοῦτον τὸν τρόπον· τοῦ Μαιμακτηριῶνος μηνὸς⁵ ὅς ἐστι παρὰ Βοιωτοῖς Ἀλαλκομένιος, τῇ
ἕκτῃ ἐπὶ δέκα πέμπουσι πομπὴν, ἧς προηγεῖται μὲν
ἅμ' ἡμέρᾳ σαλπιγκτὴς, ἐγκελευόμενος τὸ πολεμικὸν,
ἕπονται δ' ἅμαξαι μυρρίνης μεσταὶ καὶ στεφανωμάτων, καὶ
μέλας ταῦρος· καὶ χοὰς οἴνου καὶ γάλακτος ἐν ἀμφορεῦσιν,
ἐλαίου τε καὶ μύρου κρωσσοὺς νεανίσκοι κομίζοντες ἐλεύ-
θεροι. Δούλῳ γὰρ οὐδενὸς ἔξεστι τῶν περὶ τὴν διακονίαν
ἐκείνην προσάψασθαι, διὰ τὸ τοὺς ἄνδρας ἀποθανεῖν ὑπὲρ
ἐλευθερίας. Ἐπὶ πᾶσι δὲ τῶν Πλαταιέων ὁ ἄρχων, ᾧ τὸν
ἄλλον χρόνον οὔτε σιδήρου θιγεῖν ἔξεστιν, οὔθ' ἑτέραν
ἐσθῆτα, πλὴν λευκῆς, ἀναλαβεῖν, τότε χιτῶνα φοινικοῦν
ἐνδεδυκὼς, ἀράμενός τε ὑδρίαν ἀπὸ τοῦ γραμματοφυλακίου
ξιφήρης ἐπὶ τοὺς τάφους προάγει διὰ μέσης τῆς πόλεως.
Εἶτα λαβὼν ὕδωρ ἀπὸ τῆς κρήνης αὐτὸς ἀπολούει τὰς στή-
λας⁴, καὶ μύρῳ χρίει. Καὶ τὸν ταῦρον εἰς τὴν πυρὰν σφάξας,
καὶ κατευξάμενος Διῒ καὶ Ἑρμῇ χθονίῳ⁵, παρακαλεῖ τοὺς

XXI. — ¹ Θεωροὺς. Les *théores*. On appelait les *théores* les dé-
putations solennelles des différents peuples de la Grèce aux grandes
fêtes nationales et religieuses. Voy. Bœckh, *Econ. pol. des Athén.*,
liv. II, ch. XII.

² Τῶν Ἐλευθερίων. Τὰ Ἐλευθέρια, les *Eleuthéries*, fêtes de la
Liberté.

⁵ Μαιμακτηριῶνος. Le mois mémactérion : fin d'octobre, commencement de novembre.

Grèce fournira un contingent de dix mille boucliers, mille chevaux et cent vaisseaux, pour la guerre contre les barbares; les Platéens seront inviolables et consacrés au dieu, et feront des sacrifices au nom de la Grèce. Ces mesures ratifiées, les Platéens se chargèrent d'offrir chaque année des expiations pour ceux des Grecs qui tombèrent et reposent en cet endroit. Maintenant encore ils accomplissent cette cérémonie de la manière suivante : le seizième jour du mois Mémactérion, qui est chez les Béotiens le mois Alalcoménius, ils font dès le point du jour une procession que précède un trompette, sonnant le mode guerrier; viennent ensuite des chars remplis de myrtes et de couronnes, et un taureau noir : puis, portant dans des amphores des libations de vin et de lait, avec des fioles d'huile et d'essence, des jeunes gens de condition libre : car nul esclave n'a le droit de prêter son ministère à cette cérémonie consacrée à des hommes morts pour la liberté. La marche est fermée par l'archonte des Platéens, qui en tout autre temps ne doit ni toucher du fer, ni porter d'autre vêtement qu'une robe blanche. Ce jour-là, couvert d'une tunique de pourpre, tenant dans ses mains une urne prise au greffe public, armé d'une épée, il s'avance vers les tombeaux à travers le milieu de la ville. Puis, prenant de l'eau à la fontaine, il lave lui-même les stèles et les frotte d'essence. Ensuite, il immole le taureau sur le bûcher, adresse une prière à Jupiter et à Mercure Souterrain, et convoque les braves

---

⁴ Στήλας. Les petites colonnes élevées sur les tombeaux, et que les amis du mort ornaient de couronnes et parfumaient d'essences.

⁵ Ἑρμῇ χθονίῳ. Mercure souterrain, parce qu'il conduit les ombres dans les Champs-Élysées :

> Tu pias lætis animas reponis
> Sedibus, virgaque levem coerces
> Aurea turbam...
>
> (Hor., od. 1, 10.)

ἀγαθοὺς ἄνδρας τοὺς ὑπὲρ τῆς Ἑλλάδος ἀποθανόντας ἐπὶ
τὸ δεῖπνον καὶ τὴν αἱμακουρίαν[6]. Ἔπειτα, κρατῆρα κεράσας
οἴνου καὶ χεάμενος, ἐπιλέγει· « Προπίνω τοῖς ἀνδράσι τοῖς
ὑπὲρ τῆς ἐλευθερίας τῶν Ἑλλήνων ἀποθανοῦσι. » Ταῦτα
μὲν οὖν ἔτι καὶ νῦν διαφυλάττουσιν οἱ Πλαταιεῖς.

CHAPITRE XXII.

Aristide s'oppose aux tentatives envahissantes de la démocratie. Le
peuple, confiant en sa justice, le charge de prononcer sur un projet secret de Thémistocle.

Ἐπεὶ δ' ἀναχωρήσαντας εἰς τὸ ἄστυ τοὺς Ἀθηναίους ὁ
Ἀριστείδης ζητοῦντας ἑώρα ἀπολαβεῖν τὴν δημοκρατίαν[1],
ἅμα μὲν ἄξιον ἡγούμενος διὰ τὴν ἀνδραγαθίαν ἐπιμελείας
τὸν δῆμον, ἅμα δ' οὐκ ἔτι ῥᾴδιον ἰσχύοντα τοῖς ὅπλοις, καὶ
μέγα φρονοῦντα ταῖς νίκαις ἐκβιασθῆναι, γράφει ψήφισμα
κοινὴν εἶναι τὴν πολιτείαν, καὶ τοὺς ἄρχοντας ἐξ Ἀθηναίων
πάντων αἱρεῖσθαι. Θεμιστοκλέους δὲ πρὸς τὸν δῆμον εἰπόντος[2], ὡς ἔχει τι βούλευμα καὶ γνώμην ἀπόρρητον, ὠφέλιμον δὲ τῇ πόλει καὶ σωτήριον, ἐκέλευσαν Ἀριστείδην
μόνον ἀκοῦσαι καὶ συνδοκιμάσαι. Φράσαντος δὲ τῷ Ἀριστείδῃ, ὡς διανοεῖται τὸν ναύσταθμον[3] ἐμπρῆσαι τῶν Ἑλλή-
νων· οὕτω γὰρ ἔσεσθαι μεγίστους ἁπάντων καὶ κυρίους τοὺς
Ἀθηναίους· παρελθὼν εἰς τὸν δῆμον ὁ Ἀριστείδης ἔφη, τῆς

[6] Αἱμακουρίαν. Dans Homère (Odyss., ch. xi), on voit, à l'appel
d'Ulysse, les ombres sortir de l'Érèbe pour venir boire le sang qui
remplit la fosse qu'il a creusée. L'évocation des mânes était auto-
risée par la religion des anciens Grecs et d'autres peuples de l'Orient,
ainsi que l'atteste l'Écriture, au sujet de l'âme de Samuel, évoquée
par les enchantements de la Pythonisse. Il y avait même, chez les
Grecs, des prêtres chargés particulièrement de ces fonctions, et ap-

guerriers morts pour la Grèce au festin et à ces libations sanglantes. Enfin, mélangeant un cratère de vin, il le verse en disant : « J'offre ce breuvage aux guerriers morts pour la liberté des Grecs. » Telles sont les cérémonies que les Platéens observent encore aujourd'hui.

CHAPITRE XXII.

Aristide s'oppose aux tentatives envahissantes de la démocratie. Le peuple, confiant en sa justice, le charge de prononcer sur un projet secret de Thémistocle.

Quand les Athéniens furent rentrés dans la ville, Aristide s'aperçut qu'ils cherchaient à rétablir le gouvernement démocratique. Convaincu d'une part que le peuple avait droit à des égards à cause de sa valeur, d'autre part qu'il n'est pas facile, quand il a la force des armes et qu'il est enorgueilli par ses victoires, de le réduire, il propose un décret, portant que le gouvernement est commun à tous, et que les archontes sont choisis parmi tous les Athéniens. Un jour Thémistocle dit au peuple qu'il avait un projet, une idée, qu'il ne pouvait révéler, mais dont l'exécution serait utile et salutaire. On lui ordonna d'en faire part à Aristide seul et d'en délibérer avec lui. Il explique alors à Aristide qu'il projette de brûler la station navale des Grecs. Ainsi les Athéniens seraient les plus puissants de tous et maîtres absolus. Aristide, revenant dans l'assemblée

---

pelés *Psychagogues*. Voy. sur les *sacrifices*, Barth. *Voy. du J. Anach.*, ch. XXI.

XXII. — [1] Τὴν δημοκρατίαν, le gouvernement exclusif du peuple, l'usurpation du peuple sur les droits des autres classes de citoyens.

[2] Εἰπόντος, κ. τ. λ. Cf. *Vie de Thémistocle*, ch. 20. — Cic. *de Officiis*, III, 11. — Valère Maxime, VI, 5.

[5] Ναύσταθμον. *Vie de Thémistocle :* τὸ νεώριον

πράξεως, ἣν ὁ Θεμιστοκλῆς πράττειν διανοεῖται, μήτε λυσιτελεστέραν ἄλλην μήτ' ἀδικωτέραν εἶναι. Ταῦτ' ἀκούσαντες οἱ Ἀθηναῖοι παύσασθαι τὸν Θεμιστοκλέα προσέταξαν. Οὕτω μὲν ὁ δῆμος ἦν φιλοδίκαιος, οὕτω δὲ τῷ δήμῳ πιστὸς ὁ ἀνὴρ καὶ βέβαιος.

CHAPITRE XXIII.

Dureté de Pausanias : aménité d'Aristide. Les alliés pressent celui-ci d'accepter le commandement en chef. Attentat sur la personne de Pausanias. Les Lacédémoniens renoncent à l'hégémonie.

Ἐπεὶ δὲ στρατηγὸς ἐκπεμφθεὶς μετὰ Κίμωνος ἐπὶ τὸν πόλεμον ἑώρα τόν τε Παυσανίαν καὶ τοὺς ἄλλους ἄρχοντας τῶν Σπαρτιατῶν ἐπαχθεῖς καὶ χαλεποὺς τοῖς συμμάχοις ὄντας, αὐτός τε πράως καὶ φιλανθρώπως ὁμιλῶν, καὶ τὸν Κίμωνα παρέχων εὐάρμοστον αὐτοῖς καὶ κοινὸν ἐν ταῖς στρατείαις, ἔλαθε τῶν Λακεδαιμονίων οὐχ ὅπλοις οὐδὲ ναυσὶν οὐδ' ἵπποις, εὐγνωμοσύνῃ δὲ καὶ πολιτείᾳ τὴν ἡγεμονίαν παρελόμενος [1]. Προσφιλεῖς γὰρ ὄντας τοὺς Ἀθηναίους τοῖς Ἕλλησι διὰ τὴν Ἀριστείδου δικαιοσύνην καὶ τὴν Κίμωνος ἐπιείκειαν, ἔτι μᾶλλον ἡ Παυσανίου πλεονεξία καὶ βαρύτης ποθεινοὺς ἐποίει. Τοῖς τε γὰρ ἄρχουσι τῶν συμμάχων ἀεὶ μετ' ὀργῆς ἐνετύγχανε καὶ τραχέως, τούς τε πολλοὺς [2] ἐκόλαζε πληγαῖς, ἢ σιδηρᾶν ἄγκυραν ἐπιτιθεὶς ἠνάγκαζεν ἑστάναι δι' ὅλης τῆς ἡμέρας. Στιβάδα δ' οὐκ ἦν λαβεῖν, οὐδὲ χόρτον, οὐδὲ κρήνῃ προσελθεῖν ὑδρευσόμενον οὐδένα πρὸ τῶν Σπαρτιατῶν, ἀλλὰ μάστιγας ἔχοντες ὑπηρέται τοὺς προσιόντας ἀπήλαυνον. Ὑπὲρ ὧν τοῦ Ἀριστείδου

XXIII. — [1] Ἔλαθε παρελόμενος Hellénisme déjà vu, chap. xvii, note 6.

du peuple, déclara que le dessein conçu par Thémistocle était tout ce qu'il y avait de plus avantageux, mais de plus injuste. A ces mots, les Athéniens enjoignirent à Thémistocle d'y renoncer : tant le peuple aimait la justice, tant ce grand homme paraissait au peuple digne d'une confiance inébranlable.

CHAPITRE XXIII.

Dureté de Pausanias : aménité d'Aristide. Les alliés pressent celui-ci d'accepter le commandement en chef. Attentat sur la personne de Pausanias. Les Lacédémoniens renoncent à l'hégémonie.

Envoyé comme stratége avec Cimon pour faire la guerre aux Perses, et voyant Pausanias et les autres chefs spartiates durs et hautains à l'égard les alliés, il se montra lui-même doux et humain dans ses rapports avec eux et leur concilia, pendant cette campagne, la bienveillance et l'affabilité de Cimon. Il enleva ainsi insensiblement le commandement aux Lacédémoniens, sans armes, sans vaisseaux, sans cavaliers, mais par la bonté et par une sage politique. Aimés des Grecs, grâce à la justice d'Aristide et à la douceur de Cimon, les Athéniens étaient encore plus désirés à cause de la cupidité et de la dureté de Pausanias. Celui-ci traitait toujours les chefs alliés avec colère et brusquerie ; quant aux soldats, il les faisait battre de verges ou les forçait à rester debout toute une journée avec une ancre de fer sur les épaules. Nul ne pouvait prendre de paille ni de fourrage, ni venir à une fontaine puiser de l'eau avant les Spartiates ; des esclaves armés de fouets éloignaient ceux qui approchaient. Un jour, Aristide voulut lui faire à cet

---

² Τοὺς πολλούς, *la foule, les soldats*, opposé à ἄρχουσι.

ποτ' ἐγκαλέσαι καὶ διδάξαι βουλομένου, συναγαγὼν τὸ πρόσωπον ὁ Παυσανίας οὐκ ἔφη σχολάζειν, οὐδ' ἤκουσεν. Ἐκ τούτου προσιόντες οἱ ναύαρχοι καὶ στρατηγοὶ τῶν Ἑλλήνων, μάλιστα δὲ Χῖοι καὶ Σάμιοι καὶ Λέσβιοι, τὸν Ἀριστείδην ἔπειθον ἀναδέξασθαι τὴν ἡγεμονίαν, καὶ προσαγαγέσθαι τοὺς συμμάχους, πάλαι δεομένους ἀπαλλαγῆναι τῶν Σπαρτιατῶν, καὶ μετατάξασθαι πρὸς τοὺς Ἀθηναίους. Ἀποκριναμένου δ' ἐκείνου τοῖς μὲν λόγοις αὐτῶν τό τε ἀναγκαῖον ἐνορᾶν καὶ τὸ δίκαιον, ἔργου δὲ δεῖσθαι τὴν πίστιν, ὃ πραχθὲν [5] οὐκ ἐάσει πάλιν μεταβαλέσθαι τοὺς πολλούς, οὕτως[4] οἱ περὶ[5] τὸν Σάμιον Οὐλιάδην καὶ τὸν Χῖον Ἀνταγόραν συνομοσάμενοι, περὶ Βυζάντιον ἐμβάλλουσιν εἰς τὴν τριήρη τοῦ Παυσανίου, προεκπλέουσαν ἐν μέσῳ λαβόντες. Ὡς δὲ κατιδὼν ἐκεῖνος ἐξανέστη, καὶ μετ' ὀργῆς ἠπείλησεν ὀλίγῳ χρόνῳ τοὺς ἄνδρας ἐπιδείξειν οὐκ εἰς τὴν αὐτοῦ ναῦν ἐμβεβληκότας, ἀλλ' εἰς τὰς ἰδίας πατρίδας, ἐκέλευον αὐτὸν ἀπιέναι καὶ ἀγαπᾶν τὴν συναγωνισαμένην τύχην ἐν Πλαταιαῖς· ἐκείνην γὰρ ἔτι τοὺς Ἕλληνας αἰσχυνομένους μὴ λαμβάνειν ἀξίαν δίκην παρ' αὐτοῦ. Τέλος δ' ἀποστάντες ᾤχοντο πρὸς τοὺς Ἀθηναίους. Ἔνθα δὴ καὶ τὸ φρόνημα τῆς Σπάρτης διεφάνη θαυμαστόν. Ὡς γὰρ ᾔσθοντο[6] τῷ μεγέθει τῆς ἐξουσίας διαφθειρομένους αὐτῶν τοὺς ἄρχοντας, ἀφῆκαν ἑκουσίως τὴν ἡγεμονίαν, καὶ πέμποντες ἐπὶ τὸν πόλεμον ἐπαύσαντο στρατηγούς, μᾶλλον αἱρούμενοι σωφρονοῦντας ἔχειν καὶ τοῖς ἔθεσιν ἐμμένοντας τοὺς πολίτας, ἢ τῆς Ἑλλάδος ἔχειν τὴν ἀρχὴν ἁπάσης.

---

[5] Ὁ πραχθέν, sujet de ἐάσει, *lequel étant accompli, dont l'accomplissement* ne permettra pas, etc.

[4] Οὕτως. V. ch. ιx, n. 7.

égard des reproches et des remontrances; mais Pausanias, fronçant le sourcil, lui dit qu'il n'avait pas le temps et ne l'écouta point. Dès lors les navarques et les généraux des Grecs, surtout ceux de Chio, de Samos et de Lesbos, vinrent presser Aristide d'accepter le commandement et de prendre sous sa sauvegarde les alliés, qui désiraient depuis longtemps se détacher des Spartiates et se ranger du côté des Athéniens. Aristide répondit qu'il voyait la nécessité et la justice de leurs propositions, mais qu'il lui fallait pour garantie un acte dont l'exécution ne permît plus aux troupes de reculer. Alors Uliadès de Samos et Antagoras de Chio se concertent, vont près de Byzance se jeter sur la trirème de Pausanias, qui voguait en tête et l'attaquent des deux côtés. A cette vue, Pausanias se lève et les menace avec colère de leur faire voir avant peu que ce n'est pas son vaisseau qu'ils ont assailli, mais leurs propres patries. Ils lui ordonnent alors de se retirer et de remercier la fortune qui l'avait secondé à Platées : car c'était encore par respect pour cette victoire que les Grecs ne tiraient pas de lui une juste vengeance. Enfin ils l'abandonnèrent pour passer aux Athéniens. Dans cette occasion les Spartiates montrèrent une grandeur d'âme admirable. Quand ils virent les excès du pouvoir corrompre leurs généraux, ils renoncèrent spontanément à l'hégémonie et cessèrent d'envoyer des stratéges à la guerre, aimant mieux avoir des citoyens modérés et fidèles à leurs principes, que de commander à la Grèce entière.

---

⁵ Οἱ περὶ, κ. τ. λ. Voy. ch. x, n. 18, et ch. viii, n. 2.

⁶ Ἤσθοντο, sujet οἱ Σπαρτιάται, compris, par syllepse, dans Σπάρτη.

CHAPITRE XXIV.

Aristide est chargé de répartir le tribut entre les alliés d'Athènes
Son équité en cette circonstance. Railleries de Thémistocle sur son
désintéressement : réplique d'Aristide.

Οἱ δ' Ἕλληνες ἐτέλουν μέν τινα καὶ Λακεδαιμονίων
ἡγουμένων[1] ἀποφορὰν εἰς τὸν πόλεμον, ταχθῆναι δὲ βουλό-
μενοι κατὰ πόλιν ἑκάστοις τὸ μέτριον, ἠτήσαντο παρὰ τῶν
Ἀθηναίων Ἀριστείδην, καὶ προσέταξαν αὐτῷ χώραν τε
καὶ προσόδους ἐπισκεψάμενον ὁρίσαι[2] τὸ κατ' ἀξίαν ἑκάστῳ
καὶ δύναμιν. Ὁ δὲ τηλικαύτης ἐξουσίας κύριος γενόμενος,
καὶ τρόπον τινὰ τῆς Ἑλλάδος ἐπ' αὐτῷ μόνῳ τὰ πράγματα
πάντα θεμένης, πένης μὲν ἐξῆλθεν, ἐπανῆλθε δὲ πενέ-
στερος, οὐ μόνον καθαρῶς καὶ δικαίως, ἀλλὰ καὶ προσφιλῶς
πᾶσι καὶ ἁρμοδίως τὴν ἐπιγραφὴν τῶν χρημάτων ποιησά-
μενος. Ὡς γὰρ οἱ παλαιοὶ τὸν ἐπὶ Κρόνου βίον[3], οὕτως οἱ
σύμμαχοι τῶν Ἀθηναίων τὸν ἐπ' Ἀριστείδου φόρον, εὐ-
ποτμίαν τινὰ τῆς Ἑλλάδος ὀνομάζοντες, ὕμνουν, καὶ μάλιστα μετ' οὐ πολὺν χρόνον διπλασιασθέντος[4], εἶτ' αὖθις
τριπλασιασθέντος. Ὃν μὲν γὰρ Ἀριστείδης ἔταξεν, ἦν
εἰς ἑξήκοντα καὶ τετρακοσίων ταλάντων λόγον[5]. Τούτῳ δὲ
Περικλῆς μὲν ἐπέθηκεν ὀλίγου δεῖν τὸ τρίτον μέρος· ἑξα-
κόσια γὰρ τάλαντα Θουκυδίδης φησὶν, ἀρχομένου τοῦ πολέμου[6], προσιέναι τοῖς Ἀθηναίοις ἀπὸ τῶν συμμάχων·

XXIV. — [1] Ἡγουμένων. Pendant que la suprématie, l'*Hégémonie*,
appartenait aux Lacédémoniens.

[2] Ὁρίσαι, κ. τ. λ. Cf. Diod. de Sicile : Ταχθεὶς ἐπὶ τὴν διάταξιν
τῶν φόρων. Corn. Nepos : Quantum pecuniæ quæque civitas daret,
Aristides delectus est qui constitueret.

[3] Κρόνου, Saturne, roi de l'âge d'or.

CHAPITRE XXIV.

Aristide est chargé de répartir le tribut entre les alliés d'Athènes.
Son équité en cette circonstance. Railleries de Thémistocle sur son
désintéressement : réplique d'Aristide.

Les Grecs, sous la domination des Lacédémoniens,
payaient une certaine contribution pour la guerre. Voulant
que la taxe fût répartie équitablement sur toutes les cités,
ils demandèrent Aristide aux Athéniens, et lui donnèrent
pour mission d'examiner les terres et les revenus, et de déterminer l'impôt suivant les moyens de chacun. Investi d'un
si grand pouvoir, établi en quelque sorte seul arbitre des
intérêts de toute la Grèce, il partit pauvre et revint plus
pauvre encore, tant il mit, non-seulement d'intégrité et de
justice, mais encore de bienveillance et d'impartialité
envers tout le monde à opérer l'inscription des fortunes.
Comme pour les anciens la vie au temps de Saturne, ainsi
pour les alliés l'impôt sous Aristide fut une sorte d'âge d'or,
qu'ils célébrèrent d'autant plus que bientôt après la taxe fut
doublée et ensuite triplée. La contribution fixée par Aristide
monta à peu près au chiffre de quatre cent soixante talents.
Périclès l'augmenta presque d'un tiers; c'est, en effet, à six
cents talents que Thucydide évalue, au début de la guerre,
les revenus payés aux Athéniens par les alliés. Après la mort

---

[4] Διπλασιασθέντος, s. e. τοῦ φόρου.

[5] 460 talents, environ 2,530,000 francs. Un peu plus bas : 600 talents, 3,300,000 francs. — 1,300 talents, 7,150,000 fr.

[6] Τοῦ πολέμου, sans autre dénomination, désigne la guerre dont
Thucydide a écrit l'histoire, la grande guerre entre toutes, c'est-
à-dire la guerre du Péloponèse.

Περικλέους δ' ἀποθανόντος, ἐπιτείνοντες οἱ δημαγωγοὶ κατὰ μικρὸν[7], εἰς χιλίων καὶ τριακοσίων ταλάντων κεφάλαιον ἀνήγαγον, οὐχ οὕτω τοῦ πολέμου διὰ μῆκος καὶ τύχας[8] δαπανηροῦ γενομένου καὶ πολυτελοῦς, ὡς τὸν δῆμον εἰς διανομὰς καὶ θεωρικὰ[9] καὶ κατασκευὰς ἀγαλμάτων καὶ ἱερῶν προαγαγόντες. Μέγα δ' οὖν ὄνομα τοῦ Ἀριστείδου καὶ θαυμαστὸν ἔχοντος ἐπὶ τῇ διατάξει τῶν φόρων, ὁ Θεμιστοκλῆς λέγεται καταγελᾶν, ὡς οὐκ ἀνδρὸς ὄντα τὸν ἔπαινον[10], ἀλλὰ θυλάκου χρυσοφύλακος· ἀνομοίως ἀμυνόμενος τὴν Ἀριστείδου παρρησίαν. Ἐκεῖνος γὰρ, εἰπόντος ποτὲ τοῦ Θεμιστοκλέους ἀρετὴν ἡγεῖσθαι μεγίστην στρατηγοῦ τὸ γιγνώσκειν καὶ προαισθάνεσθαι τὰ βουλεύματα τῶν πολεμίων· « Τοῦτο μὲν, εἰπεῖν, ἀναγκαῖόν ἐστιν, ὦ Θεμιστόκλεις, καλὸν δὲ καὶ στρατηγικὸν ἀληθῶς ἡ περὶ τὰς χεῖρας ἐγκράτεια. »

CHAPITRE XXV.

Il savait, cependant, au besoin, se départir des principes rigoureux de la justice, quand la nécessité l'exigeait. Il reste pauvre après avoir assuré la prospérité de sa patrie. Aristide justifie Callias, son parent, accusé, dans un procès, de dureté à son égard. Il est seul à ne pas se réjouir de l'infortune de Thémistocle.

Ὁ δ' Ἀριστείδης ὥρκισε μὲν τοὺς Ἕλληνας, καὶ ὤμοσεν ὑπὲρ τῶν Ἀθηναίων, μύδρους[1] ἐμβαλὼν ἐπὶ ταῖς ἀραῖς εἰς

---

[7] Ἐπιτείνοντες κατὰ μικρὸν, l'élevant peu à peu.

[8] Μῆκος καὶ τύχας. La guerre du Péloponèse dura vingt-sept ans (431-404). Τύχας, les vicissitudes de la guerre, particulièrement la désastreuse expédition des Athéniens en Sicile, où ils perdirent 40,000 hommes, et 240 vaisseaux.

[9] Διανομάς, distribution de vivres et d'argent. — Θεωρικά. On appelait *théorique* une distribution d'argent que, depuis Périclès, on

de Périclès, les démagogues l'élevèrent peu à peu, et la poussèrent jusqu'au total de treize cents talents : moins parce que la longueur et les hasards de la guerre la rendirent coûteuse et onéreuse, que parce qu'ils donnèrent au peuple le goût des distributions, des spectacles, des statues et des temples. Aristide s'était donc attiré une grande et admirable renommée, par la répartition des impôts ; Thémistocle, dit-on, se moquait de lui ; c'était là, selon lui, un éloge qui ne convenait pas à un homme, mais à un sac pour garder l'or : faible vengeance d'un mot piquant d'Aristide. Un jour, en effet, Thémistocle disait qu'à ses yeux la plus grande qualité d'un général était de comprendre et de deviner les desseins de l'ennemi : « Oui, reprit Aristide, c'est une qualité nécessaire, Thémistocle ; mais ce qui est vraiment beau et digne d'un général, c'est de rester les mains pures. »

CHAPITRE XXV.

Il savait, cependant, au besoin. se départir des principes rigoureux de la justice, quand la nécessité l'exigeait. Il reste pauvre après avoir assuré la prospérité de sa patrie. Aristide justifie Callias, son parent, accusé, dans un procès, de dureté à son égard. Il est seul à ne pas se réjouir de l'infortune de Thémistocle.

Aristide fit prêter serment aux Grecs, et jura lui-même pour les Athéniens ; à l'appui des malédictions, il fit jeter des masses de fer dans la mer. Plus tard cependant,

---

faisait aux citoyens pauvres, pour qu'ils pussent assister aux représentations théâtrales, aux fêtes et aux jeux. Voy. Dém. *Philipp.* IV, ch. IX, les notes sur cette institution (édit. Dezobry). — *Pro Coronâ*, p. 92, n. 5 (id.). — *Olynth.* I, ch. VI, n. 3 (id.) — Consultez aussi Bœckh, *Econ. pol. des Athén.*, liv. II, ch. XIII.

[10] Ὡς οὐκ ὄντα τὸν ἔπαινον. Accusatif absolu.

XXV. — [1] Μύδρους. Masses de fer qu'on jetait dans la mer, en

τὴν θάλατταν. Ὕστερον δὲ τῶν πραγμάτων ἄρχειν ἐγκρα-
τέστερον, ὡς ἔοικεν, ἐκβιαζομένων, ἐκέλευε τοὺς Ἀθηναίους τὴν ἐπιορκίαν τρέψαντας εἰς αὐτὸν, ᾗ συμφέρει
χρῆσθαι τοῖς πράγμασι. Καθ' ὅλου δ' ὁ Θεόφραστος φησὶ
τὸν ἄνδρα τοῦτον, περὶ τὰ οἰκεῖα καὶ τοὺς πολίτας ἄκρως
ὄντα δίκαιον, ἐν τοῖς κοινοῖς πολλὰ πρᾶξαι πρὸς τὴν ὑπό-
θεσιν τῆς πατρίδος, ὡς συχνῆς ἀδικίας δεομένης[2]. Καὶ γὰρ
τὰ χρήματά φησιν ἐκ Δήλου[3] βουλευομένων[4] Ἀθναζε κο-
μίσαι παρὰ τὰς συνθήκας, καὶ Σαμίων εἰσηγουμένων, εἰπεῖν
ἐκεῖνον ὡς οὐ δίκαιον μὲν, συμφέρον δὲ τοῦτ' ἔστι. Καὶ
τέλος εἰς τὸ ἄρχειν ἀνθρώπων τοσούτων καταστήσας τὴν
πόλιν αὐτὸς ἐνέμεινε τῇ πενίᾳ, καὶ τὴν ἀπὸ τοῦ πένης εἶναι
δόξαν οὐδὲν ἧττον ἀγαπῶν τῆς ἀπὸ τῶν τροπαίων διετέ-
λεσε.. Δῆλον δ' ἐκεῖθεν. Καλλίας ὁ δᾳδοῦχος[5] ἦν αὐτῷ
γένει προσήκων· τοῦτον οἱ ἐχθροὶ θανάτου[6] διώκοντες, ἐπεὶ
περὶ ὧν ἐγράψαντο μετρίως κατηγόρησαν εἶπόν τινα λόγον
ἔξωθεν[7] τοιοῦτον πρὸς τοὺς δικαστάς· « Ἀριστείδην, ἔφησαν,
ἴστε τὸν Λυσιμάχου, θαυμαζόμενον ἐν τοῖς Ἕλλησι· τούτῳ
πῶς οἴεσθε τὰ κατ' οἶκον ἔχειν, ὁρῶντες αὐτὸν ἐν τρίβωνι
τοιούτῳ προερχόμενον εἰς τὸ δημόσιον; Ἄρ' οὐκ εἰκός ἐστι
τὸν ῥιγοῦντα φανερῶς καὶ πεινᾶν οἴκοι, καὶ τῶν ἄλλων ἐπι-

promettant de tenir son serment, jusqu'à ce que   revinssent d'elles-mêmes à la surface. Tel fut le serme   ·hocéens,
lorsqu'ils abandonnèrent leur patrie :

. . . . « Phocæorum
Velut profugit exsecrata civitas,
Agros atque lares patrios, etc.

. . . .
Sed juremus in hæc : simul imis saxa renarint
Vadis levata, ne redire sit nefas. »
(Hor., *Épodes*, XVI.)

² Δεομένης se rapporte à πατρίδος, et régit l'autre génitif ἀδικίας.

les circonstances forçant, à ce qu'il paraît, les Athéniens à apporter plus de rigueur dans le commandement, il les engagea à rejeter sur lui le parjure, à ne consulter dans la conduite des affaires que leur intérêt. En général, dit Théophraste, cet homme, éminemment juste dans sa vie privée et à l'égard des simples citoyens, n'écoutait souvent dans les affaires publiques que les besoins de la patrie, qui exigeait de fréquentes injustices. Ainsi, ajoute-t-il, quand les Grecs se proposaient de transférer le trésor de Délos à Athènes, en dépit des traités, et à l'instigation des Samiens : Ce n'est pas juste, dit Aristide, mais c'est utile. Enfin, après avoir assuré à la république la domination sur tant de peuples, lui-même resta pauvre, et il ne se fit pas moins gloire de sa pauvreté que de ses trophées. En voici la preuve. Callias, le porte-torche, était son parent : ses ennemis, lui ayant intenté une accusation capitale, soutinrent avec modération les griefs qu'ils avaient formulés ; puis, ils sortirent de la question : « Vous connaissez, dirent-ils aux juges, Aristide, fils de Lysimaque, que toute la Grèce admire ; comment croyez-vous que marchent ses affaires domestiques, quand vous le voyez paraître dans vos assemblées avec un pareil manteau ? N'est-il pas probable que, gelant de froid en public, il souffre la faim chez lui, et manque du nécessaire ? Eh bien, c'est le cousin de Callias, le plus riche des Athéniens, qui le laisse

---

³ Δήλου. « Délos la sainte était le centre des Cyclades et l'objet de la vénération de tous les Grecs, à cause du culte divin qui y était anciennement établi. » (Bœckh, liv. III, ch. xvi. Cf. Barthél., ch. 79.) On y avait, pendant les guerres médiques, placé le trésor commun des Grecs. — Voy. sur le trésor transféré de Délos à Athènes, Bœckh, Econ. pol. des Athén., liv. III, ch. 20.

⁴ Βουλευομένων, s. e. τῶν Ἀθηναίων.

⁵ Δαδοῦχος. Voy. ch. v, n. 17.

⁶ Θανάτου, s. e. περί. Cf. ch. iv, n. 10.

⁷ Ἔξωθεν, un fait en dehors de la cause, étranger à l'accusation.

τηδείων σπανίζειν; Τοῦτον μέντοι Καλλίας, ἀνεψιὸν αὐτῷ ὄντα, πλουσιώτατος ὢν Ἀθηναίων, περιορᾷ μετὰ τέκνων καὶ γυναικὸς ἐνδεόμενον, πολλὰ[8] κεχρημένος τῷ ἀνδρί, καὶ πολλάκις αὐτοῦ τῆς παρ' ὑμῖν δυνάμεως ἀπολελαυκώς. » Ὁ δὲ Καλλίας ὁρῶν ἐπὶ τούτῳ μάλιστα θορυβοῦντας τοὺς δικαστὰς καὶ χαλεπῶς πρὸς αὐτὸν ἔχοντας ἐκάλει τὸν Ἀριστείδην, ἀξιῶν μαρτυρῆσαι πρὸς τοὺς δικαστάς, ὅτι, πολλάκις αὐτοῦ πολλὰ καὶ διδόντος καὶ δεομένου λαβεῖν, οὐκ ἠθέλησεν, ἀποκρινόμενος ὡς μᾶλλον αὐτῷ διὰ τὴν πενίαν μέγα φρονεῖν, ἢ Καλλίᾳ διὰ πλοῦτον προσήκει· πλούτῳ μὲν γὰρ ἔστι πολλοὺς ἰδεῖν[9] εὖ τε καὶ κακῶς χρωμένους, πενίαν δὲ φέροντι γενναίως οὐ ῥᾴδιον ἐντυχεῖν· αἰσχύνεσθαι δὲ πενίαν τοὺς ἀκουσίως πενομένους. Ταῦτα δὲ τοῦ Ἀριστείδου τῷ Καλλίᾳ προσμαρτυρήσαντος, οὐδεὶς ἦν τῶν ἀκουόντων, ὃς οὐκ ἀπῄει πένης μᾶλλον, ὡς Ἀριστείδης, εἶναι βουλόμενος, ἢ πλουτεῖν, ὡς Καλλίας. Ταῦτα μὲν Αἰσχίνης ὁ Σωκρατικὸς[10] ἀναγέγραφε. Πλάτων δὲ τῶν μεγάλων δοκούντων καὶ ὀνομαστῶν Ἀθήνῃσι μόνον ἄξιον λόγου τοῦτον ἀποφαίνει τὸν ἄνδρα· Θεμιστοκλέα μὲν γὰρ καὶ Κίμωνα καὶ Περικλέα στοῶν καὶ χρημάτων καὶ φλυαρίας πολλῆς ἐμπλῆσαι τὴν πόλιν, Ἀριστείδην δὲ πολιτεύσασθαι πρὸς ἀρετήν. Μεγάλα δ' αὐτοῦ καὶ τὰ πρὸς Θεμιστοκλέα τῆς ἐπιεικείας σημεῖα. Χρησάμενος γὰρ αὐτῷ παρὰ πᾶσαν τὴν πολιτείαν ἐχθρῷ[11], καὶ δι' ἐκεῖνον ἐξοστρακισθεὶς, ἐπεὶ τὴν αὐτὴν λαβὴν παρέσχεν ὁ ἀνὴρ[12] ἐν αἰτίᾳ γενόμενος πρὸς τὴν πόλιν, οὐκ ἐμνησικάκησεν· ἀλλ' Ἀλκμαίωνος[13] καὶ Κίμωνος καὶ πολλῶν ἄλλων ἐλαυνόντων καὶ κατηγο-

---

8 Πολλά, pris adverbialement. Multa *querens*. Insueta *rudentem* Rauca *sonans*. Virg.

9 Ἰδεῖν ἐστι. *Videre est.* Cf. ch. v, n. 25.

10 Eschine le socratique, auteur de *Dialogues*, aujourd'hui perdus.

dans le dénûment avec sa femme et ses enfants, bien qu'il ait souvent eu recours à lui, et qu'il ait plus d'une fois profité de son crédit auprès de vous. » Callias, voyant que cette inculpation avait particulièrement ému les juges, et qu'elle les indisposait contre lui, appelle Aristide, et le prie d'attester au tribunal qu'il lui avait souvent fait des offres importantes, en le pressant de les accepter; mais que celui-ci avait refusé, en répondant qu'il avait plutôt le droit de s'honorer de sa pauvreté, que Callias de ses richesses : on voit, en effet, disait-il, beaucoup de riches, qui usent tant bien que mal de leur fortune; mais un homme supportant noblement la pauvreté, voilà ce qu'on ne rencontre pas facilement : on rougit de la pauvreté, quand elle est involontaire. Aristide rendit ce témoignage à Callias, et il n'était pas un des auditeurs qui, en s'en allant, n'eût mieux aimé être pauvre comme Aristide, que riche comme Callias. Tel est le récit d'Eschine le socratique. Platon, de son côté, déclare que, de tous les grands citoyens renommés à Athènes, Aristide seul était digne d'estime. En effet, dit-il, Thémistocle, Cimon, Périclès, remplirent la ville de portiques, de richesses, de mille superfluités, mais Aristide a gouverné par là vertu. Il donna aussi de grandes preuves de modération envers Thémistocle. Il l'avait toujours eu pour adversaire dans sa politique; c'était Thémistocle qui l'avait fait bannir. Cependant, quand celui-ci, accusé de trahison envers la république, donna prise à sa vengeance, il ne montra aucun ressentiment, tandis qu'Alcméon, Cimon et beaucoup d'autres le poursuivaient de leurs accusations,

---

¹¹ Χρησάμενος ἐχθρῷ. De même en latin : *uti amico, uti inimico.*

¹² Ὁ ἀνήρ, Thémistocle.

¹³ Ἀλκμαίωνος. Ce fut son fils, dit Plutarque (*Vie de Thémistocle*, ch. 25), qui porta contre Thémistocle l'accusation de trahison.

ρούντων, μόνος Ἀριστείδης οὔτ' ἔπραξέ τι οὔτ' εἶπε φαῦλον, οὔτ' ἀπέλαυσεν ἐχθροῦ δυστυχοῦντος, ὥσπερ οὐδ' [14] εὐημεροῦντι πρότερον ἐφθόνησε.

CHAPITRE XXVI.

Traditions contradictoires sur la mort d'Aristide. Il n'est pas exact qu'il ait été condamné pour s'être laissé corrompre par les Ioniens, lors de la répartition du tribut.

Τελευτῆσαι δ' Ἀριστείδην οἱ μὲν ἐν Πόντῳ φασὶν, ἐκπλεύσαντα πράξεων ἕνεκα δημοσίων, οἱ δ' Ἀθήνησι, γήρᾳ, τιμώμενον καὶ θαυμαζόμενον ὑπὸ τῶν πολιτῶν. Κρατερὸς [1] δ' ὁ Μακεδὼν τοιαῦτά τινα περὶ τῆς τελευτῆς τοῦ ἀνδρὸς εἴρηκε. Μετὰ γὰρ [2] τὴν Θεμιστοκλέους φυγὴν [3] φησὶν, ὥσπερ ἐξυβρίσαντα τὸν δῆμον ἀναφῦσαι πλῆθος συκοφαντῶν [4], οἳ τοὺς ἀρίστους καὶ δυνατωτάτους ἄνδρας διώκοντες ὑπέβαλλον τῷ φθόνῳ τῶν πολλῶν ἐπαιρομένων ὑπ' εὐτυχίας καὶ δυνάμεως. Ἐν τούτοις καὶ Ἀριστείδην ἁλῶναι δωροδοκίας, Διοφάντου τοῦ Ἀμφιτροπῆθεν [5] κατηγοροῦντος, ὡς, ὅτε τοὺς φόρους [6] ἔπραττε, παρὰ τῶν Ἰώνων χρήματα λαβόντος· ἐκτῖσαι δ' οὐκ ἔχοντα τὴν καταδίκην, πεντήκοντα μνῶν [7] οὖσαν, ἐκπλεῦσαι, καὶ περὶ τὴν Ἰωνίαν ἀποθανεῖν. Τούτων οὐδὲν ἔγγραφον ὁ Κρατερὸς τεκμήριον παρέσχεν, οὔτε δίκην, οὔτε ψήφισμα, καίπερ εἰωθὼς ἐπιεικῶς γράφειν

---

[14] Οὐδέ, *non plus.* Cf. ch. viii, n. 8.

XXVI. — [1] Κρατερός, « historien qui vécut peu de temps après Aristide. Il avait fait un recueil des décrets. Vossius croit que c'est le même qui accompagna Alexandre dans ses expéditions. » (Ricard.)

[2] Γάρ, *c'est que;* voici quel est le récit de Cratérus.

[3] Φυγήν, l'exil. *Fuga* se prend dans le même sens en latin. *Rerum mutationes, cædem, fugam portendunt.* Sall. Jug., ch. iii.

[4] Συκοφαντῶν. Sycophantes, dénonciateurs (nom donné primiti-

seul, Aristide ne fit, ni ne dit rien contre lui, et il ne se ré-
jouit pas plus de l'infortune de son ennemi, qu'il n'avait été
jaloux de ses succès.

CHAPITRE XXVI.

Traditions contradictoires sur la mort d'Aristide. Il n'est pas exact
qu'il ait été condamné pour s'être laissé corrompre par les Ioniens,
lors de la répartition du tribut.

Aristide, d'après les uns, termina sa vie, dans le Pont,
où il s'était rendu pour les affaires publiques; selon
les autres, il mourut de vieillesse, à Athènes, au milieu
de l'estime et de l'admiration de ses concitoyens. Cratérus
le Macédonien rapporte ainsi la mort de ce grand homme.
Après l'exil de Thémistocle, dit-il, l'insolence exubérante du
peuple produisit une foule de sycophantes qui, poursuivant
les citoyens les plus vertueux et les plus influents, les livraient
à l'envie de la multitude, exaltée par sa prospérité et sa puissance. Parmi eux, Aristide fut condamné pour concussion,
à la poursuite de Diophante, du bourg d'Amphitrope, qui
l'accusa d'avoir, pendant qu'il réglait les impôts, reçu de
l'argent des Ioniens. N'ayant pas de quoi payer l'amende,
qui était de cinquante mines, il passa la mer et mourut en
Ionie. Mais à l'appui de cette assertion, Cratérus ne fournit
aucun témoignage écrit, ni procès, ni décret, lui qui cepen-

---

vement à ceux qui dénonçaient l'exportation des figues défendue à
Athènes pendant une disette). Isocrate s'élève en maint endroit
contre cette classe de calomniateurs, devenus la plaie de la société
athénienne, et qui accusaient de laconisme ou de trahison tous les
hommes supérieurs. (Voy. particulièrement le discours, περὶ ἀντιδόσεως, ch. 26, 28, 29.)

⁵ Ἀμφιτροπῆθεν, d'Amphitrope, l'un des dèmes de l'Attique.

⁶ Τοὺς φόρους ἔπραττε. V. ch. xxiv.

⁷ Πεντήκοντα μνῶν. Environ 4,500 francs.

τὰ τοιαῦτα, καὶ παρατίθεσθαι τοὺς ἱστοροῦντας. Οἱ δ' ἄλλοι πάντες, ὡς ἔπος εἰπεῖν, ὅσοι τὰ πλημμεληθέντα τῷ δήμῳ περὶ τοὺς στρατηγοὺς διεξίασι, τὴν μὲν Θεμιστοκλέους φυγὴν, καὶ τὰ Μιλτιάδου δεσμὰ, καὶ τὴν Περικλέους ζημίαν, καὶ τὸν Πάχητος [8] ἐν τῷ δικαστηρίῳ θάνατον, ἀνελόντος αὐτὸν ἐπὶ τοῦ βήματος, ὡς ἡλίσκετο, καὶ πολλὰ τοιαῦτα συνάγουσι καὶ θρυλλοῦσιν· Ἀριστείδου δὲ τὸν μὲν ἐξοστρακισμὸν παρατίθενται, καταδίκης δὲ τοιαύτης οὐδαμοῦ μνημονεύουσι.

CHAPITRE XXVII.

Son tombeau à Phalère. Dot accordée à ses filles aux frais du Prytanée. Décret en faveur de son fils, Lysimaque. C'est à tort que quelques-uns prétendent qu'une petite-fille d'Aristide fut mariée à Socrate. Un de ses descendants secouru par Démétrius de Phalère.

Καὶ μέντοι καὶ τάφος ἐστὶν αὐτοῦ Φαληροῖ [1] δεικνύμενος, ὃν φασι κατασκευάσαι τὴν πόλιν αὐτῷ, μηδ' ἐντάφια καταλιπόντι. Καὶ τὰς μὲν θυγατέρας ἱστοροῦσιν ἐκ τοῦ Πρυτανείου [2] τοῖς νυμφίοις ἐκδοθῆναι, δημοσίᾳ τῆς πόλεως τὸν γάμον ἐγγυώσης, καὶ προῖκα τρισχιλίας δραχμὰς [5] ἑκατέρᾳ ψηφισαμένης· Λυσιμάχῳ δὲ τῷ υἱῷ μνᾶς μὲν ἑκατὸν [4] ἀργυρίου, καὶ γῆς τοσαῦτα πλέθρα πεφυτευμένης ἔδωκεν ὁ δῆμος, ἄλλας δὲ δραχμὰς τέσσαρας [6] εἰς ἡμέραν ἑκάστην

---

[8] Πάχητος. Pachès, général athénien, fut envoyé contre Lesbos révoltée, et prit Mytilène. Comme on le trouvait en défaut, quand il rendait compte de sa gestion, il tira son épée et se tua.

XXVII. — [1] Φαληροῖ. Voy. ch. I, n. 8.

[2] Ἐκ τοῦ Πρυτανείου. Outre les cinquante Prytanes, on nourrissait au Prytanée les citoyens qui avaient bien mérité de la patrie. C'était ce que Socrate réclamait pour lui des juges. (Voy. Platon, Apol. de Socr., ch. XXVI.) Les fonds du Prytanée fournissaient aussi les pensions et les dots accordées par l'État.

dant a coutume de recueillir soigneusement ces sortes de pièces et de citer ses auteurs. D'ailleurs, tous ceux, pour ainsi dire, qui rapportent les injustices du peuple envers ses gouvernants, parlent de l'exil de Thémistocle, de l'emprisonnement de Miltiade, de l'amende de Périclès, de la mort de Pachès, qui se tua en plein tribunal, à la barre, quand il se vit condamné, et d'autres faits semblables qu'il recueillent et répètent tous. Quant à Aristide, ils citent aussi son bannissement, mais ne font nulle part mention d'une condamnation de ce genre.

CHAPITRE XXVII.

Son tombeau à Phalère. Dot accordée à ses filles aux frais du Prytanée. Décret en faveur de son fils, Lysimaque. C'est à tort que quelques-uns prétendent qu'une petite fille d'Aristide fut mariée à Socrate. Un de ses descendants secouru par Démétrius de Phalère.

Du reste, on montre encore à Phalère un tombeau, que lui éleva, dit-on, la république, parce qu'il n'avait pas laissé de quoi payer ses funérailles. Ses filles furent, à ce qu'on rapporte, dotées aux frais du Prytanée, la ville donna caution pour leur mariage sur le trésor, et décréta en faveur de chacune d'elles une dot de trois mille drachmes. Le peuple donna à Lysimaque, son fils, cent mines d'argent, autant de plèthres de terre plantée d'arbres, et lui assigna quatre drachmes par jour, sur la proposition d'Alcibiade. En outre, Lysimaque ayant laissé une fille, Polycrite, à ce que dit Cal-

---

³ Τρισχιλίας δραχμάς. Environ 2,700 fr. Bœckh (liv. IV, ch. vi) fait remarquer que c'était la moyenne des dots ordinaires chez les Athéniens.

⁴ Μνᾶς ἑκατόν, cent mines, environ 9,000 francs. La mine valait 100 drachmes.

⁵ Πλέθρα. Le plèthre équivalait à 10 ares.

⁶ Δραχμάς τέσσαρας. 3 fr. 75 c. Somme suffisante vu le prix des denrées à Athènes. Voy. à ce sujet, Bœckh, liv. IV, ch. iii.

ἀπέταξεν, Ἀλκιβιάδου τὸ ψήφισμα γράψαντος. Ἔτι δὲ Λυσιμάχου θυγατέρα Πολυκρίτην ἀπολιπόντος, ὡς Καλλισθένης [7]
φησὶ, καὶ ταύτῃ σίτησιν, ὅσην καὶ τοῖς Ὀλυμπιονίκαις, ὁ
δῆμος ἐψηφίσατο. Δημήτριος δ᾽ ὁ Φαληρεὺς, καὶ Ἱερώνυ-
μος [8] ὁ Ῥόδιος, καὶ Ἀριστόξενος ὁ μουσικὸς, καὶ Ἀριστο-
τέλης (εἰ δὴ τὸ Περὶ εὐγενείας βιβλίον ἐν τοῖς γνησίοις
Ἀριστοτέλους θετέον), ἱστοροῦσι Μυρτὼ θυγατριδῆν Ἀριστείδου Σωκράτει τῷ σοφῷ συνοικῆσαι, γυναῖκα μὲν ἑτέραν [9]
ἔχοντι, ταύτην δ᾽ ἀναλαβόντι χηρεύουσαν διὰ πενίαν καὶ
τῶν ἀναγκαίων ἐνδεομένην. Πρὸς μὲν οὖν τούτους ἱκανῶς ὁ
Παναίτιος ἐν τοῖς περὶ Σωκράτους ἀντείρηκεν. Ὁ δὲ Φαληρεὺς ἐν τῷ Σωκράτει [10] φησὶ μνημονεύειν Ἀριστείδου θυ-
γατριδοῦν εὖ μάλα πένητα Λυσίμαχον, ὃς ἑαυτὸν ἐκ πινα-
κίου τινὸς ὀνειροκριτικοῦ παρὰ τὸ Ἰακχεῖον [11] λεγόμενον
καθεζόμενος ἔβοσκε. Τῇ δὲ μητρὶ καὶ τῇ ταύτης ἀδελφῇ
ψήφισμα γράψας δωρεὰν ἔπεισε τὸν δῆμον διδόναι, τριώβολον ἑκάστης ἡμέρας [12]. Αὐτὸς μέντοι ὁ Δημήτριος νομοθετῶν
ἐψηφίσατο δραχμὴν ἑκατέρᾳ τάξαι τῶν γυναικῶν. Καὶ οὐδέν ἐστι θαυμαστὸν οὕτω φροντίσαι τῶν ἐν ἄστει τὸν δῆμον,
ὅπου θυγατριδῆν Ἀριστογείτονος ἐν Λήμνῳ πυθόμενοι τα-
πεινὰ πράττειν, ἀνδρὸς ἀποροῦσαν διὰ πενίαν, κατήγαγον [13]
Ἀθήναζε, καὶ συνοικίσαντες ἀνδρὶ τῶν εὖ γεγονότων, τὸ
Ποταμοῖ χωρίον [14] εἰς φερνὴν ἐπέδωκαν. Ἧς φιλανθρωπίας
καὶ χρηστότητος ἔτι πολλὰ καὶ καθ᾽ ἡμᾶς ἡ πόλις ἐκφέ-
ρουσα δείγματα θαυμάζεται καὶ ζηλοῦται δικαίως.

---

[7] Καλλισθένης, philosophe et historien du quatrième siècle avant
J. C.

[8] Hiéronyme, historien du troisième siècle. — Aristoxène, philosophe et musicien du quatrième.

[9] Γυναῖκα ἑτέραν ἔχοντι. Xanthippe.

[10] Ἐν τῷ Σωκράτει. Voy. ch. ι, n. 7.

[11] Ἰακχεῖον, temple de Bacchus (Ἴακχος).

listhène, le peuple lui vota une pension égale à celle des vainqueurs aux jeux olympiques. Démétrius de Phalère, Hiéronyme de Rhodes, Aristoxène le musicien, et Aristote (si toutefois il faut mettre au nombre des ouvrages authentiques d'Aristote le *Traité sur la Noblesse*), rapportent que Myrto, petite-fille d'Aristide, fut mariée à Socrate, le philosophe, qui avait une autre femme, mais qui recueillit celle-ci, restée veuve à cause de sa pauvreté, et dépourvue du nécessaire. Ces auteurs ont été suffisamment réfutés par Panétius dans ses écrits sur Socrate. Démétrius, dans son *Socrate*, dit qu'il se souvient d'un petit-fils d'Aristide, qui, réduit à une extrême pauvreté, gagnait sa vie, assis près du temple de Bacchus, à interpréter les songes à l'aide d'une sorte de tableau explicatif. Il fit voter par le peuple un décret allouant à la mère de ce malheureux et à une sœur qu'elle avait un secours de trois oboles par jour. Le même Démétrius, étant nomothète, fit assigner une drachme à chacune de ces deux femmes. Il n'est pas étonnant de voir les Athéniens prendre tant de soin des pauvres qui étaient dans leur ville, puisque, ayant appri qu'une petite-fille d'Aristogiton vivait dans la misère à Lemnos, et ne pouvait, à cause de sa pauvreté, trouver un mari, ils la firent venir à Athènes, l'unirent à un citoyen de bonne famille, et lui donnèrent en dot le domaine de Potamos. Telles sont l'humanité et la bonté, dont Athènes a, de nos jours encore, montré de nombreux exemples, qui excitent à juste titre l'admiration et la rivalité des autres peuples.

---

12 Τριώβολον, environ 45 cent. — Plus bas, une drachme, à peu près 92 cent.

13 Κατήγαγον. Syllepse. Sujet : *Les Athéniens*, dont l'idée est contenue dans δῆμον.

14 Ποταμοί, Potamos, dème. Voy. sur cette forme la note 8 du chap. I.

FRAGMENTS

COMPARAISON ENTRE ARISTIDE ET M. CATON

Caton n'administre pas moins bien sa maison que la république. —
Aristide, par sa pauvreté, n'a-t-il pas fait tort à la cause de la
justice même?

1. Φαίνεται ὁ μὲν Κάτων οὐδέν τι φαυλότερος οἴκου προ-
στάτης ἢ πόλεως γενόμενος. Καὶ γὰρ αὐτὸς ηὔξησε τὸν
αὑτοῦ βίον [1], καὶ κατέστη διδάσκαλος οἰκονομίας καὶ γεωργίας ἑτέροις [2], πολλὰ καὶ χρήσιμα περὶ τούτων συλλεξά-
μενος. Ἀριστείδης δὲ τῇ πενίᾳ καὶ τὴν δικαιοσύνην συνδιέ-
βαλεν, ὡς οἰκοφθόρον καὶ πτωχοποιὸν, καὶ πᾶσι μᾶλλον,
ἢ τοῖς κεκτημένοις, ὠφέλιμον. Καίτοι πολλὰ μὲν Ἡσίοδος
πρὸς δικαιοσύνην ἅμα καὶ οἰκονομίαν παρακαλῶν ἡμᾶς εἴρηκε, καὶ τὴν ἀργίαν ὡς ἀδικίας ἀρχὴν λελοιδόρηκεν. Εὖ
δὲ καὶ Ὁμήρῳ πεποίηται·

> Ἔργον δέ μοι οὐ φίλον ἦεν,
> οὐδ' οἰκωφελίη, ἥ τε τρέφει ἀγλαὰ τέκνα·
> ἀλλά μοι αἰεὶ νῆες ἐπήρετμοι φίλαι ἦσαν,
> καὶ πόλεμοι, καὶ ἄκοντες εὔξεστοι, καὶ ὀϊστοί [3]·

---

1. — [1] Βίον, les ressources de la vie, les moyens d'existence, la
fortune.

[2] Διδάσκαλος οἰκονομίας καὶ γεωργίας. Le traité de Caton *De re
rustica* nous est parvenu. Il en avait écrit d'autres, des manuels,

FRAGMENTS

DE LA

COMPARAISON ENTRE ARISTIDE ET M. CATON

Caton n'administre pas' moins bien sa maison que la république. — .Aristide, par sa pauvreté, n'a-t-il pas fait tort à la cause de la justice même?

I. Sans doute, Caton ne sut pas moins bien gouverner sa maison que la république. Il a, en effet, augmenté lui-même sa propre fortune, et enseigné aux autres l'économie et l'agriculture, en recueillant sur ces matières beaucoup d'utiles préceptes. Aristide, par sa pauvreté, décria la justice même, qui semblerait engendrer la ruine et l'indigence, et servir à tous plutôt qu'à ceux qui la possèdent. Et pourtant Hésiode, en maint endroit, nous recommande la justice en même temps que l'économie, et il gourmande la paresse comme la source de l'injustice. Homère a eu raison de dire dans ses poëmes :

> Je n'aimais point les champs, le soc ni la faucille,
> Ces travaux qui font vivre une belle famille;
> Mais j'aimais le vaisseau bondissant sur les flots,
> Guerre, dards bien polis, flèches et javelots;

---

des guides pratiques, à l'usage de son fils, dont l'éducation fut la grande affaire de sa vie.

⁵ *Odyssée*, ch. xiv, v. 222.

ὡς τοὺς αὐτοὺς ἀμελοῦντας οἰκίας, καὶ ποριζομένους ἐξ
ἀδικίας. Οὐ γὰρ, ὡς τοὔλαιον οἱ ἰατροί φασι τοῦ σώματος
εἶναι τοῖς μὲν ἐκτὸς ὠφελιμώτατον, τοῖς δ' ἐντὸς βλαβε-
ρώτατον, οὕτως ὁ δίκαιος ἑτέροις μέν ἐστι χρήσιμος, αὐτοῦ
δὲ καὶ τῶν ἰδίων ἀκηδής. Ἀλλ' ἔοικε ταύτῃ πεπηρῶσθαι
τῷ Ἀριστείδῃ τὸ πολιτικόν, εἴπερ, ὡς οἱ πλεῖστοι λέγουσιν, οὐδὲ προῖκα τοῖς θυγατρίοις [4], οὐδὲ ταφὴν αὑτῷ κατα-
λιπέσθαι προὐνόησεν. Ὅθεν ὁ μὲν Κάτωνος οἶκος, ἄχρι
γένους τετάρτου, στρατηγοὺς καὶ ὑπάτους τῇ Ῥώμῃ πα-
ρεῖχε· καὶ γὰρ υἱωνοὶ καὶ τούτων ἔτι παῖδες ἦρξαν ἀρχὰς
τὰς μεγίστας. Τῆς δ' Ἀριστείδου, τοῦ πρωτεύσαντος Ἑλλήνων, γενεᾶς ἡ πολλὴ καὶ ἄπορος πενία, τοὺς μὲν εἰς
ἀγυρτικοὺς κατέβαλε πίνακας, τοὺς δὲ δημοσίῳ τὰς χεῖρας
ἐράνῳ δι' ἔνδειαν ὑπέχειν ἠνάγκασεν [5], οὐδενὶ δὲ λαμπρὸν
οὐδέν, οὐδ' ἄξιον ἐκείνου τοῦ ἀνδρὸς φρονῆσαι παρέσχεν.

La pauvreté n'est pas une honte. — La vraie richesse consiste à
savoir modérer ses désirs.

II. Ἢ τοῦτο πρῶτον ἀμφιλογίαν ἔχει. Πενία γὰρ αἰσχρὸν
οὐδαμοῦ μὲν δι' αὑτήν, ἀλλ' ὅπου δεῖγμα ῥαθυμίας ἐστίν,
ἀκρασίας, πολυτελείας, ἀλογιστίας· ἀνδρὶ δὲ σώφρονι, καὶ
φιλοπόνῳ, καὶ δικαίῳ, καὶ ἀνδρείῳ, καὶ δημοσιεύοντι ταῖς
ἀρεταῖς ἁπάσαις, συνοῦσα, μεγαλοψυχίας ἐστὶ καὶ μεγαλο-
φροσύνης σημεῖον. Οὐ γὰρ ἔστι πράττειν μεγάλα, φροντί-
ζοντα μικρων· οὐδὲ πολλοῖς δεομένοις βοηθεῖν, πολλῶν
αὐτὸν δεομενον. Μέγα δ' εἰς πολιτείαν ἐφόδιον, οὐχ ὁ
πλοῦτος, ἀλλ' αὐτάρκεια [1], τῷ μηδενὸς ἰδίᾳ τῶν περιττῶν

---

[4] Θυγατρίοις. Voy. ch. 1.
[5] Ἐράνῳ ὑπέχειν ἠνάγκασεν. Voy. ch. xxvi.

faisant entendre par là que ceux qui négligent leur maison cherchent fortune par l'injustice. Il n'en est pas comme
de l'huile, qui, selon les médecins, est excellente pour les
parties extérieures du corps, mais très-nuisible à l'intérieur : on ne peut pas dire que le juste, utile aux autres,
n'ait souci ni de lui-même, ni de ce qui est à lui. Toutefois, les vertus civiques d'Aristide semblent avoir eu un côté
défectueux, si, comme le disent la plupart, il ne laissa,
dans son imprévoyance, ni de quoi doter ses filles, ni de
quoi payer ses funérailles. Aussi la maison de Caton, jusqu'à la quatrième génération, fournit à Rome des généraux
et des consuls : ses petits-fils et même leurs enfants remplirent les charges les plus importantes ; tandis que les descendants de cet Aristide, qui avait tenu le premier rang
parmi les Grecs, furent réduits, par l'excès de l'indigence,
les uns à se faire interprètes de songes, les autres à tendre
la main aux aumônes publiques : aucun ne fut un homme
remarquable, ni digne de ce grand citoyen.

La pauvreté n'est pas une honte. — La vraie richesse consiste à
savoir modérer ses désirs.

II. Aussi bien, ce point est sujet à contestation, car la
pauvreté n'a rien de honteux en elle-même, mais seulement
quand elle est une preuve de paresse, d'intempérance, de
prodigalité ou de folie : se trouve-t-elle dans un homme
sage, laborieux, juste, courageux, qui dans le gouvernement montre toutes les vertus, c'est la marque d'une grande
âme et d'un esprit élevé. On ne peut faire de grandes
choses, quand on a l'esprit occupé de soins mesquins ; ni
secourir les besoins de beaucoup de gens, quand on a soi-
même beaucoup de besoins. La meilleure provision pour
s'engager dans les affaires publiques, ce n'est pas la ri-

II. — [1] Αὐτάρκεια. Horace a dit : *Multa petentibus Desunt multa*. Et Claudien : *Semper inops quicumque cupit.*

δεῖσθαι, πρὸς οὐδεμίαν ἀσχολίαν ἄγουσα τῶν δημοσίων.
Ἀπροσδεὴς μὲν γὰρ ἁπλῶς ὁ θεὸς, ἀνθρωπίνης δ' ἀρετῆς,
ᾧ συνάγεται πρὸς τὸ ἐλάχιστον ἡ χρεία, τοῦτο τελειότατον.
Ὡς γὰρ σῶμα τὸ καλῶς πρὸς εὐεξίαν κεκραμένον οὔτ' ἐσθῆτος οὔτε τροφῆς δεῖται περιττῆς, οὕτω καὶ βίος καὶ οἶκος
ὑγιαίνων ἀπὸ τῶν τυχόντων διοικεῖται. Δεῖ δὲ τῇ χρείᾳ
σύμμετρον ἔχειν τὴν κτῆσιν· ὡς ὅ γε πολλὰ συνάγων, ὀλί-
γοις δὲ χρώμενος, οὐκ ἔστιν αὐτάρκης, ἀλλ' εἴτε μὴ δεῖται,
τῇ παρασκευῇ ὧν οὐκ ὀρέγεται, μάταιος, εἴτ' ὀρέγεται,
μικρολογίᾳ κολούων τὴν ἀπόλαυσιν, ἄθλιος.

Mot d'Aristide sur la pauvreté volontaire.

III. Μέγα γε τὸ εὐτελὲς καὶ αὔταρκες, ὅτι τῆς ἐπιθυ-
μίας ἅμα καὶ τῆς φροντίδος ἀπαλλάττει τῶν περιττῶν. Διὸ
καὶ τοῦτο φασὶν ἐν τῇ Καλλίου δίκῃ[1], τὸν Ἀριστείδην εἰπεῖν, ὡς αἰσχύνεσθαι πενίαν προσήκει τοῖς ἀκουσίως πενο-
μένοις, τοῖς δ', ὥσπερ αὐτὸς, ἑκουσίως, ἐγκαλλωπίζεσθαι.
Γελοῖον γὰρ οἴεσθαι, ῥᾳθυμίας εἶναι τὴν Ἀριστείδου πενίαν, ᾧ παρῆν, αἰσχρὸν εἰργασμένῳ μηδὲν, ἀλλ' ἕνα σκυλεύ-
σαντι βάρβαρον, ἢ μίαν σκηνὴν καταλαβόντι, πλουσίῳ γενέσθαι[2].

Rôle d'Aristide dans les importantes expéditions auxquelles il prit part.

IV. Στρατηγίαι δὲ τοῦ μὲν Κάτωνος οὐδὲν ὡς μεγάλοις
πράγμασι μέγα προσέθηκαν, ἐν δὲ ταῖς Ἀριστείδου τὰ κάλ-
λιστα καὶ λαμπρότατα καὶ πρῶτα τῶν Ἑλληνικῶν ἔργων
ἐστὶν, ὁ Μαραθὼν, ἡ Σαλαμὶς, αἱ Πλαταιαί. Καὶ οὐκ ἄξιον

___

III. — [1] Ἐν τῇ Καλλίου δίκῃ. Voy. ch. xxv.

chesse, mais la modération, qui permet, en ôtant le désir
du superflu, de se consacrer sans distraction aux intérêts de
l'État. Il n'y a que Dieu qui soit absolument sans besoins :
pour la vertu humaine, celle qui laisse le moins de prise
aux atteintes du besoin est la plus parfaite. Un corps bien
constitué, d'un bon tempérament, n'a pas besoin d'habits
ni d'aliments superflus : ainsi une vie et une maison sai-
nes s'entretiennent par les ressources les plus communes.
En somme, il faut proportionner nos besoins et notre avoir :
celui qui amasse beaucoup et dépense peu n'est pas un
homme modéré : s'il n'a pas besoin, amasser des richesses
qu'il ne désire pas, c'est folie ; s'il les désire, s'en refuser
la jouissance par avarice, c'est misère.

Mot d'Aristide sur la pauvreté volontaire.

III. C'est un grand bien que la simplicité et la modération ; car elle ôte à la fois le désir et le souci du superflu.
Aussi, dans l'affaire de Callias, Aristide, dit-on, répondit
que rougir de la pauvreté convient à ceux qui sont pauvres
malgré eux ; ceux qui, comme lui, le sont volontairement,
s'en glorifient. Il serait ridicule, en effet, d'imputer à la
paresse la pauvreté de cet Aristide, qui, sans rien faire
de honteux, n'avait qu'à dépouiller un seul barbare, ou
prendre une seule tente, pour s'enrichir.

**Rôle d'Aristide dans les importantes expéditions auxquelles il prit
part.**

IV. Les expéditions que commanda Caton n'ont guère
ajouté à la grandeur de la république. Dans celles d'Aristide, au contraire, on compte les victoires les plus belles,
les plus éclatantes et les plus décisives de la Grèce, Mara-

---

[2] Πλουσίω γενέσθαι. Voy. sur le désintéressement d'Aristide, le
chapitre v

δήπου παραβάλλειν τῷ Ξέρξῃ τὸν Ἀντίοχον, καὶ τὰ περιαιρεθέντα τῶν Ἰβηρικῶν πόλεων τείχη[1] ταῖς τοσαύταις μὲν ἐν γῇ, τοσαύταις δ᾽ ἐν θαλάσσῃ πεσούσαις μυριάσιν. Ἐν οἷς Ἀριστείδης ἔργῳ μὲν οὐδενὸς ἐλείπετο, δόξης δὲ καὶ στεφάνων, ὥσπερ ἀμέλει πλούτου καὶ χρημάτων, ὑφήκατο τοῖς μᾶλλον δεομένοις, ὅτι καὶ πάντων τούτων διέφερεν.

IV. — [1] Ἰβηρικῶν πόλεων τείχη. Caton, vainqueur des Espagnols, thon, Salamine, Platées. En outre, il ne serait pas juste, assurément, de comparer Antiochus à Xerxès, ni les villes espagnoles démantelées à tant de milliers de Perses, qui périrent, soit sur terre, soit sur mer. Dans ces guerres, Aristide ne le céda en courage à personne; pour la gloire et les couronnes, aussi bien que la richesse et les trésors, il les abandonna à ceux qui en avaient plus besoin que lui, parce qu'il leur était supérieur à tous.

----

qui avaient refoulé les Romains jusqu'à Emporie, fit démanteler en un jour quatre cents villes ou bourgades.

EXTRAITS D'HÉRODOTE

1. Entrevue d'Aristide et de Thémistocle à Salamine.

Il s'éleva à Salamine une violente contestation entre les généraux. Ne se doutant pas que les Barbares les avaient cernés avec leur flotte, ils les croyaient toujours postés où ils les avaient vus pendant le jour.

Tandis que les généraux tenaient conseil, arriva d'Égine Aristide, fils de Lysimaque, Athénien, mais banni par le peuple. Je le regarde, sachant quelles étaient ses mœurs, comme le plus vertueux et le plus juste des hommes qui aient jamais été à Athènes. S'arrêtant près du lieu des séances, il appela au dehors Thémistocle, qui, loin d'être son ami, était au contraire son ennemi le plus déclaré. Mais la grandeur des circonstances présentes lui faisant oublier leurs différends, il l'appelait dans l'intention de conférer avec lui. Il avait ouï dire que les Péloponésiens avaient hâte d'emmener leurs vaisseaux vers l'isthme. Quand Thémistocle fut sorti, Aristide lui parla en ces termes : « Il faut laisser nos querelles pour un autre moment : aujourd'hui il s'agit de savoir lequel de nous deux rendra les plus grands services à la patrie. Je t'avertis qu'il est fort indifférent pour les Péloponésiens de parler peu ou beaucoup sur le départ de la flotte. Car je te déclare, d'après ce que j'ai vu moi-même, que, lors même qu'ils le voudraient, les Corinthiens et Eurybiade en personne ne pourront s'éloigner d'ici ; ils sont cernés par les ennemis. Rentre donc, et apprends-leur cette nouvelle. »

Thémistocle répondit : « Tu me donnes un excellent
avis, et tu m'apportes une bonne nouvelle. Ce que je de-
mandais, tu l'as vu en venant ici. Sache que c'est grâce à
moi que les Mèdes ont agi ainsi. Il fallait, en effet, puisque
les Grecs ne veulent pas engager le combat de bon gré, les
y amener malgré eux. Eh bien, puisque c'est toi qui viens
nous apprendre cette bonne nouvelle, annonce-la-leur toi-
même. Si c'est moi qui la leur apprends, ils s'imagineront
que j'invente et ne croiront pas ce qu'ont fait les Barbares.
Va donc les instruire toi-même de ce qui se passe. Lorsque
tu le leur auras révélé, s'ils sont convaincus, tout est pour
le mieux ; s'ils ne veulent pas te croire, peu nous importe :
car ils ne fuiront point, puisque nous sommes, comme
tu le dis, cernés de tous côtés. »

Aristide entra et leur dit tout : il expliqua qu'il venait
d'Égine, qu'il avait eu grand'peine à traverser sans être
vu la ligne des ennemis ; car toute l'armée grecque était
enveloppée par la flotte de Xerxès ; il les engagea donc à se
préparer à la défense. Après quoi il se retira. (Hérodote,
liv. VIII, ch. LXXVIII, et suiv. — Cf. Plut., *Vie d'Aristide*,
ch. VIII.)

II. Combat de la cavalerie mède contre les Mégariens.

Mardonius, voyant que les Grecs ne descendaient pas
dans la plaine, envoie contre eux toute sa cavalerie, com-
mandée par Masistius, homme en grand renom parmi les
Perses ; les Grecs l'appellent Makistius. Il montait un cheval
niséen dont le frein était d'or, et qui était couvert d'autres
beaux ornements. Les cavaliers s'élancent contre les Grecs,
chargent par escadrons, et dans le choc leur font beaucoup
de mal, en les traitant de femmes.

Par aventure les Mégariens se trouvèrent occuper la position la plus abordable de toute la ligne et la plus acces-

sible à la cavalerie. Écrasés sous le choc, ils envoyèrent un héraut aux généraux des Grecs. Le héraut, parvenu près d'eux, leur parla ainsi : « Les Mégariens disent : Alliés, nous ne pouvons soutenir seuls la cavalerie des Perses et garder le poste que nous occupons· depuis le commencement. Jusqu'ici, grâce à notre fermeté et à notre valeur, nous avons tenu bon, bien qu'écrasés. Mais si vous n'en envoyez pas d'autres pour nous relever de cette position, sachez que nous allons l'abandonner. » Telle fut la déclaration du héraut. Pausanias alors sonda les Grecs, et demanda des volontaires pour aller occuper cette position à la place des Mégariens. Sur le refus des autres, les Athéniens acceptèrent, et parmi eux trois cents hommes d'élite, que commandait Olympiodore, fils de Lampon.

Ils combattaient depuis longtemps, lorsque le cheval de Masistius, qui précédait les autres, eut les flancs percés d'une flèche. Dans sa douleur il se cabre, et désarçonne Masistius. Celui-ci tombé, les Athéniens aussitôt se jettent sur lui, prennent son cheval et le tuent lui-même, malgré sa résistance. D'abord ils ne le pouvaient, à cause de son armure : il avait en-dessous une cuirasse d'or à écailles, et portait par-dessus cette cuirasse une tunique de pourpre. Les coups portés sur la cuirasse ne faisaient rien : enfin un soldat, ayant vu ce qui se passait, le frappa dans l'œil. Ainsi succomba et périt Masistius.

Au retour de la cavalerie dans le camp, toute l'armée et Mardonius firent le deuil de Masistius : les hommes se rasèrent les cheveux, et coupèrent les crinières des chevaux et des bêtes de somme; ils poussèrent d'immenses lamentations, dont retentirent les échos de la Béotie tout entière : car ils venaient de perdre l'homme le plus estimé des Perses et du roi, après Mardonius. (Hérod., liv. IX, ch. xx et suiv. — Cf. Plut., *Vie d'Arist.*, ch. xiv.)

III. Contestation entre les Tégéates et les Athéniens.

Ensuite les Perses résolurent de descendre vers Platées : car le territoire de Platées leur parut beaucoup plus
favorable au campement que celui d'Érythres, et surtout
mieux pourvu d'eau. Ce fut sur ce terrain et près de la
fontaine de Gargaphie, située sur ce terrain, qu'ils jugèrent
nécessaire de se rendre et de camper en ordre de bataille.
Ils prirent donc leurs armes et s'avancèrent, en suivant la
base du Cithéron et en passant par Hysia, sur le territoire de Platées. Arrivés là, ils se postèrent par nations
près de la fontaine de Gargaphie et de l'enclos du héros
Androcratès, sur des collines peu élevées et dans une plaine
unie.

Alors il y eut, au sujet des rangs, une violente contestation entre les Tégéates et les Athéniens. Les uns et les
autres prétendaient occuper l'une des deux ailes, et mettaient en avant leurs exploits anciens et récents.

*Suivent le discours des Tégéates et la réponse des
Athéniens, qui se termine ainsi :*

« Mais à quoi bon rappeler ces souvenirs? Pour nous,
n'eussions-nous jamais fait autre chose, la victoire de Marathon nous rend dignes de ce privilége et d'autres encore,
nous qui, seuls d'entre les Grecs, avons combattu le Perse,
et qui, dans une telle entreprise, avons triomphé et vaincu
quarante-six nations. Ne méritons-nous pas ce poste par ce
seul exploit? Mais ce n'est pas le moment de discuter sur
le rang; nous sommes prêts à vous obéir, Lacédémoniens,
et à nous placer à l'endroit et en face de ceux que vous
jugerez convenable de désigner. Partout où nous serons
placés, nous tâcherons d'être braves. Commandez, nous
obéirons. »

Telle fut leur réponse. Et toute l'armée des Lacédémo

niens s'écria que les Athéniens étaient plus dignes d'occuper l'aile que les Arcadiens. Ainsi les Athéniens l'occu-
pèrent, et l'emportèrent sur les Tégéates. (Hérod., liv. IX,
ch. xxv et suiv. — Cf. Plut. *Vie d'Arist.*, ch. xii.)

IV. Alexandre, roi de Macédoine, au camp des Grecs.

La nuit était déjà avancée, le calme régnait sur les deux
camps, et les soldats semblaient presque tous endormis,
lorsque Alexandre, fils d'Amyntas, général et roi des Macédoniens, poussant son cheval vers les sentinelles des Athéniens, demanda à entrer en conférence avec les généraux.
La plupart des gardes restèrent à leur poste, les autres
coururent vers les généraux, et, arrivés près d'eux, leur
annoncèrent qu'il était venu à cheval, du camp des Mèdes,
un homme qui, sans rien dire de plus, avait nommé les
généraux et déclaré qu'il désirait entrer en conférence
avec eux.

Ceux-ci, à cette nouvelle, s'empressèrent de se rendre
aux avant-postes. Quand ils y furent parvenus, Alexandre
leur parla ainsi : « Athéniens, je vous confie ces paroles
comme un dépôt ; vous ne devez les répéter à aucun autre
qu'à Pausanias, si vous ne voulez me perdre. Je ne vous
en dirais rien, si je n'avais grand soin des intérêts communs
de la Grèce. Car moi aussi je suis Grec d'origine, et, de
libre, je ne voudrais pas voir la Grèce devenir asservie.
Je vous dis donc que Mardonius et son armée ne peuvent
obtenir de sacrifices favorables : sans cela il y a longtemps
que vous vous battriez. Mais aujourd'hui il a résolu d'envoyer promener les sacrifices, et au point du jour il atta-
quera ; il craint, à ce que je présume, que vous ne receviez
de nouveaux renforts. Ainsi tenez-vous prêts ; si Mardonius
remet l'attaque et n'agit point, persistez à rester dans
votre camp, car ils n'ont plus que pour quelques jours de

vivres. Si cette guerre se termine au gré de vos désirs, souvenez-vous de me rendre libre aussi, moi qui, par zèle pour les Grecs, accomplis une action si périlleuse; j'ai voulu vous révéler le dessein de Mardonius, de peur que les barbares ne vinssent se jeter sur vous à l'improviste. Je suis Alexandre de Macédoine. » A ces mots il se retira vers le camp des Mèdes pour y reprendre son poste. (Hérod., liv. IX, ch. XLIV et XLV. — Cf. Plut. *Vie d'Arist.*, ch. XV.)

V. Résistance d'Amompharétus.

La plupart des Grecs profitèrent du mouvement de l'armée pour s'enfuir jusqu'à Platées, et se réfugier près de l'enclos de Junon. Pausanias, les voyant abandonner le camp, ordonna aussi aux Lacédémoniens de prendre leurs armes pour aller les rejoindre. Tous les chefs de corps étaient disposés à obéir à Pausanias. Mais Amompharétus, fils de Poliadès, qui commandait le corps des Pitanètes, déclara qu'il ne fuirait point devant les étrangers, et n'irait pas volontairement déshonorer Sparte. Pausanias et Euryanax furent mécontents de sa résistance, et plus mécontents encore de ce que son entêtement les forçait d'abandonner la troupe des Pitanètes. Il était à craindre, en effet, que, s'ils les abandonnaient pour exécuter la résolution des autres Grecs, Amompharétus, laissé seul, ne pérît avec les siens. Dans cette pensée, ils firent arrêter l'armée lacédémonienne, et tentèrent de convaincre Amompharétus qu'il avait tort d'agir ainsi. Ils l'engagèrent à ne pas s'exposer au danger, en restant là, seul des Lacédémoniens; mais ils ne purent le persuader, et la discussion finit par dégénérer en querelle. Alors, dans son emportement, Amompharétus saisit de ses deux mains une lourde pierre, et la dépose aux pieds de Pausanias. C'est là, dit-il, son suffrage:

il vote pour qu'on ne fuie pas devant les étrangers; par étrangers il entendait les barbares.

Enfin Pausanias, pensant qu'Amompharétus ne resterait pas en voyant les autres Lacédémoniens s'éloigner, ce qui arriva en effet, donna le signal du départ, et emmena par les collines le reste de l'armée. (Hérod., liv. IX, ch. LIII et suiv. — Cf. Plut. *Vie d'Arist.*, ch. XVII.)

VI. Bataille de Platées.

Les Athéniens, sur la demande de Pausanias, s'empressèrent d'aller au secours des Spartiates. Ils étaient déjà en marche, quand ils rencontrèrent ceux des Grecs qui s'étaient rangés du côté du roi de Perse. Ils durent alors renoncer à secourir les Lacédémoniens, car cette rencontre les gênait eux-mêmes. Les Lacédémoniens et les Tégéates restèrent donc isolés. Ils firent un sacrifice, au moment d'engager le combat contre Mardonius et les troupes qu'il avait avec lui. Mais les présages ne leur furent pas favorables, et ils eurent en ce moment beaucoup de tués et beaucoup plus encore de blessés. Les Perses, formant un rempart de leurs boucliers, lançaient une telle quantité de flèches, que Pausanias, voyant les Spartiates écrasés et les sacrifices contraires, se tourna vers le temple de Junon qui est à Platées, et invoqua la déesse, lui demandant que les Grecs ne fussent pas trompés dans leurs espérances.

Il faisait encore cette invocation, lorsque les Tégéates, se portant en avant, marchèrent les premiers contre les barbares, et aussitôt après la prière de Pausanias les victimes offrirent aux Lacédémoniens des présages favorables. Ils marchèrent donc à leur tour contre les Perses, et les Perses s'avancèrent contre eux après avoir déposé leurs arcs. La bataille s'engagea d'abord vers le rempart de boucliers. Quand il fut renversé, une lutte violente se livra auprès du temple de Cérès, et dura longtemps : enfin, on se prit corps à corps. Les barbares saisissaient les lances, et les brisaient. Les Perses ne le cédaient aux Grecs ni en courage ni en force; mais ils étaient sans armes défensives, et n'avaient ni l'expérience ni la science militaire de leurs adversaires. Ils se jetaient en avant un par un, dix par dix, plus ou moins, tombaient par groupes sur les Spartiates, et se faisaient tuer.

Ce fut du côté où était Mardonius, qui combattait sur un cheval blanc et avait autour de lui mille des soldats d'élite les plus braves, que le combat fut le plus acharné. Aussi, tant que Mardonius fut en vie, les Perses tinrent bon, et dans la lutte tuèrent un grand nombre de Lacédémoniens. Mais aussitôt que Mardonius fut mort et que les troupes les plus braves qui l'entouraient eurent succombé, alors les autres aussi tournèrent le dos et cédèrent aux Lacédémoniens. Ce qui leur nuisit surtout, ce fut leur vêtement dépourvu d'armure, car ils combattaient découverts contre des hoplites.

Après leur déroute, les Perses se réfugièrent en désordre dans leur camp et vers l'enceinte de bois qu'ils avaient élevée dans la circonscription de Thèbes. Ils y arrivèrent avant les Spartiates, montèrent sur les remparts, et se fortifièrent du mieux qu'ils purent. Quand les Lacédémoniens survinrent, ils trouvèrent sur les retranchements une résistance trop vive. Tant que les Athéniens furent éloignés, les Perses se défendirent et eurent l'avantage sur les Lacédémoniens, qui ne s'entendaient pas à ce genre de combat. Mais quand les Athéniens furent arrivés, ils attaquèrent le retranchement avec vigueur; la lutte dura longtemps. Enfin, à force de valeur et de constance, les Athéniens escaladèrent le rempart et le renversèrent : les Grecs entrèrent par la brèche. Les barbares, voyant l'enceinte forcée, perdirent courage. Les Grecs n'avaient plus qu'à tuer ; si bien que, d'une armée de trois cent mille hommes, sauf les quarante mille qu'Artabaze avait emmenés avec lui, il n'en resta pas même trois mille. Les Lacédémoniens de Sparte perdirent dans la bataille quatre-vingt-onze hommes en tout, les Tégéates seize, et les Athéniens cinquante-deux. (Hérod., liv. IX, ch. LXI et suiv. — Cf. Plut., *Vie d'Arist.*, ch. XVIII.)

TABLE DES MATIÈRES

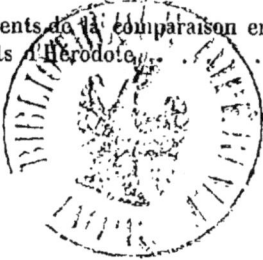

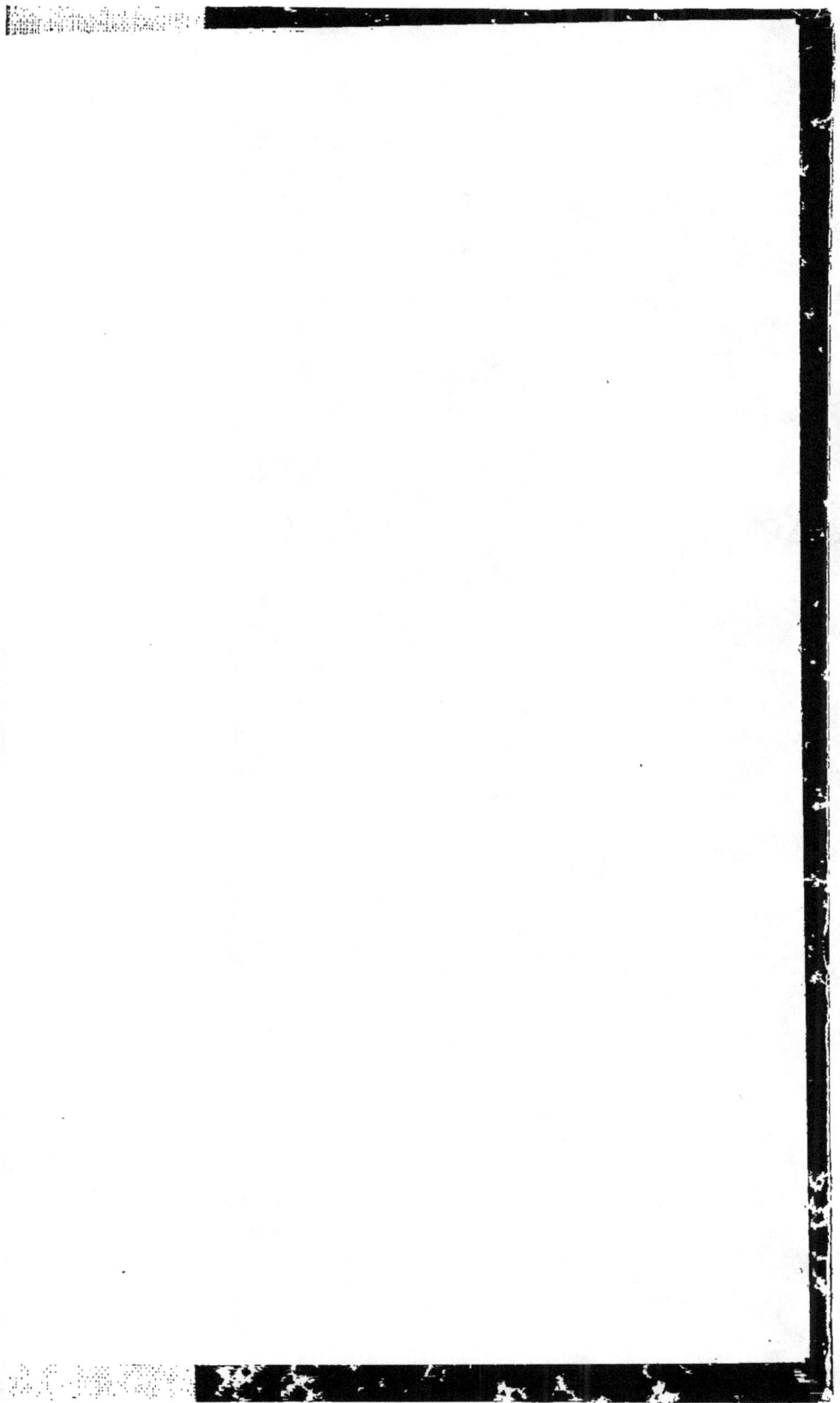

www.ingramcontent.com/pod-product-compliance
Lightning Source LLC
Chambersburg PA
CBHW072115090426
42739CB00012B/2983